杭州师范大学 永康市人民法院
合作课题《 "龙山经验" 创新发展研究》成果

"龙山经验"

新时代基层法治建设的实践

余钊飞　张素敏　李博伦等　著

中国法制出版社
CHINA LEGAL PUBLISHING HOUSE

总　序

　　治理与善治是当代社会科学中最热门的话题之一，其主要研究如何通过政府与民间合作，改善国家与社会的治理结构，提高治理效能，增进民生福祉。在这个过程中，治理理论逐渐与中国现实高度结合，不断丰富中国特色社会主义社会治理实践。近二十年来，西北政法大学、杭州师范大学、安庆师范大学等高校共同组织的"枫桥经验"联合研究团队长期致力于基层治理领域的研究，走遍千山万水，深入千村万户，收集大量基层治理相关文献资料，积极推动"枫桥经验""浦江经验""龙山经验""六尺巷经验""千里草原安睦隆"等治理经验的实践探索和理论总结，对中国国家治理基层基础建设的认识也逐渐从立体式直观感知上升到系统化理论思考。

　　地方治理水平直接关系到国家政治稳定、经济发展、文化繁荣。我国是统一的多民族国家，幅员辽阔、历史悠久，各地所处经济社会发展阶段存在较大差异，如何在中央统一领导下最大限度发挥地方积极性，因地制宜，是国家治理的一项重要任务。计划经济时代，我国按照产业结构进行身份界定，基层治理制度规范纵向管理特征明显；工人、农民、知识分子、军人是计划经济时代的主流职业划分，社会结构与产业结构的高度关联，使得相关社会治理制度规范主要表现为规范企事业单位和人民公社的具体管理活动。在向社会主义市场经济转型的历史进程中，国有企业改革、事业单位改制、集体经济发展、民营企业壮大等大潮推动着个体身份的动态变革，"单位""户籍""职业"必须与时俱进，适应现实社会的要求。依附于单位和人民公社的社会保障、社会福利等社会建设滞后于市场经济发展，导致社会结构与经济结构不协调，基层治理现代化挑战与机遇并存。

党的十九届四中全会的主题是"坚持和完善中国特色社会主义制度、推进国家治理体系和治理能力现代化"，自此，社会治理尤其是基层治理研究成为我国哲学社会科学研究的热门话题。2021年，中共中央、国务院印发了《关于加强基层治理体系和治理能力现代化建设的意见》，提出力争用5年左右时间，实现党建引领基层治理机制全面完善，基层政权坚强有力，基层群众自治充满活力，基层公共服务精准高效，党的执政基础更加坚实，基层治理体系和治理能力现代化水平明显提高。在此基础上力争再用10年时间，基本实现基层治理体系和治理能力现代化，中国特色基层治理制度优势充分展现。由此，对基层治理研究提出了诸多命题。基层治理研究和探索，内涵丰富，任重道远，既有广阔的历史空间，也有丰富的地理空间，还有强烈的需求空间。

中国有不同于其他国家的历史经验、人文传统、自然地理资源禀赋，有着源远流长的治理文化和丰富包容的治理智慧。研究中国的基层治理问题，必须坚持问题导向、效果导向，认真汲取中国历史传统中关于治理基层社会的经验教训，并从独特的国情出发，服务基层治理现代化目标。基层治理现代化事关国家稳定和发展的全局工作，具体落实到不同的空间范围，必须结合地方实际，顺应社情民意。如以新时代"枫桥经验"为代表的基层社会治理，充分吸收了中华优秀传统文化，形成了一套内生式演进发展的社会治理模式，为平安中国、法治中国建设提供了丰富的基层智慧。从"枫桥经验"的发展历程中可以看到，在中国共产党坚强领导下，人民群众通过实践行动，推动了基层治理现代化进程。例如，为了突破法的局限性，在法的实施过程中，枫桥等地的干部群众充分尊重基层社会的历史传统和风土民情，从人民群众切身利益出发，在基层群众自治、综合治理、人民调解、文化建设等工作过程中通过实践不断丰富基层法治内涵，为中央和地方立法提供了源源不断的素材。同时，以村民自治章程、村规民约、居民公约为载体，将充分反映基层社会公序良俗和传统美德的一些经验做法上升为基层社会自治规范，完善了中国特色社会主义法治体系。

党的二十大报告提出了建设中国式现代化的目标任务，再次明确了推进国家治理体系和治理能力现代化的重大意义和总体要求。基层治理在国家治理中处于重要地位，是国家治理的基石。坚持顶层设计和基层创新结合，问题导向和结果导向统一，是社会治理创新的必然要求。自古以来，就有"郡县治，天下安"的说法。治国安邦重在基层，国家治理最坚实的力量支撑在基层，最突出的矛盾和问题也在基层。基于此，丛书选取多个来自基层且具有突出成就的典型经验进行系统研究，聚焦乡村治理、城市治理等主题，凸显中国国家治理基层基础建设的原创性、多样性、有效性。

行者无疆。推动基层治理现代化是我们孜孜以求的既定目标。让我们同心同德，坚韧不拔，奔赴大江南北、长城内外，提炼、梳理和总结各地好的经验做法，把论文写在祖国大地上，为"中国之治"的基层治理现代化建设尽绵薄之力！

是为序。

汪世荣　余钊飞

2023 年 9 月 10 日

序

　　"龙山经验" 2013 年发源于浙江省永康市龙山、西溪两镇，最初的内容是在党的领导下，依靠群众力量，充分发挥人民法庭功能而构建的以 "调解先行、诉讼断后、分层过滤" 为特征的社会矛盾纠纷依法调处化解经验，是党的十八大以来浙江省涌现出来的基层依法治理典型经验之一。近年来，在当地党委政府和人民群众的全力支持下，"龙山经验" 已从最初的诉源治理经验逐步发展成法治国家、法治政府、法治社会一体建设的法治建设经验，是习近平法治思想在基层的生动实践。

　　"龙山经验" 有深厚的历史文化底蕴。永康历史上人才辈出，其中，对永康后世影响巨大的是北宋时期的胡则和南宋时期的陈亮。两位先贤对永康地域文化的塑造影响深远。南宋著名思想家、文学家陈亮开拓了 "永康学派"，其核心思想是强调 "功到成处，便是有德；事到济处，便是有理"，力图使儒家学说切于实用，以达到 "开物成务" 的目标。"义" 与 "利" 的问题，在当代实际上是一个 "公正" 和 "效率" 的问题。"龙山经验" 在一定程度上是有选择地吸收 "义利并举" 思想。"龙山经验" 的目标导向是既要实现社会公平正义，同时也要充分考虑到快速化解矛盾的重要性，即通过系统化的流程再造，分类分阶段减少和化解矛盾，从根源上降低案件成讼量，从而实现淳化民风、保障民生的重要目标。千百年来，强调 "躬行践履" 与 "经世致用" 的 "永康学派"，其思想观念已深深融入当地人民的血脉之中，也造就了今日永康的繁荣昌盛；对永康人民的思维习惯、传统习俗、社会风气产生了重要影响。"龙山经验"之所以能够蓬勃发展，与其根植于永康这片传统文化高地、根植于永康高质量的民营经济是直接关联的，也是社会主义市场经济基础上的法治建设经验。"龙山经验"追求打造一流的法治环境和营商环境，在一定程度上反映了"永康学派"回响千年的深厚底蕴。

2004年10月，习近平总书记在浙江工作期间向陈亮国际学术研讨会组委会发出贺信，其中指出："陈亮是我国著名的爱国主义者，杰出的思想家、文学家。他创立的永康学派，强调务实经世，为'浙江精神'提供了重要的历史文化内涵。研究陈亮学说，就是要探寻浙江优秀文化传统，在研究浙江现象、总结浙江经验、提炼'浙江精神'方面取得创造性成果，为我省经济发展、社会进步、文化繁荣，提供重要的精神动力。希望全省哲学社会科学系统深入贯彻'三个代表'重要思想，树立和落实科学发展观，不断弘扬和丰富'浙江精神'，进一步发挥浙江的人文优势，积极投身文化大省建设，为深入实施'八八战略'，努力建设'平安浙江'，加快全面建设小康社会、提前基本实现现代化贡献力量。"[1]贺信深刻指出了陈亮的重要历史贡献，也为"龙山经验"指明了发展方向。

当前，正值我国《法治中国建设规划（2020—2025年）》实施的关键时期，加快推进法治，推进多层次多领域依法治理，是法治中国建设的重要路径，以永康"龙山经验"为代表的基层法治建设，是法治中国建设的关键一环。"龙山经验"源于地方司法治理实践，目前已扩展升级到地方全域依法治理，它叠加国家、社会、市场、公众多元治理主体，是一个发展的、动态的、复合的、具备高度联动性的概念。当前，"龙山经验"持续升华和

---

① 浙江省社会科学院编：《陈亮研究："陈亮国际学术研讨会永康学派与浙江精神"论文集》，上海古籍出版社2005年版，第3页。

发展，在党委政府和人民群众的支持下，不断推动习近平法治思想在基层的有效贯彻，不断探索宪法法律、党内法规在基层有效实施的新路径，不断开辟基层法治政府、法治社会建设的新经验，具备可复制性、可推广性，是传统优秀文化与当代社会治理融合发展，相得益彰的一个典型。

赵晓耕

中国人民大学法学院教授

第一章 "龙山经验"的缘起与确立

第二章 "龙山经验"与基层矛盾纠纷化解

第三章　"龙山经验"与基层社会治理现代化

第四章　"龙山经验"与数字化改革

第一章

"龙山经验" 的缘起与确立

　　"一方水土养一方人",浙江省永康市山清水秀、物华天宝、人杰地灵。"龙山经验"发源于永康市龙山、西溪两镇,并非一朝一夕之事,也非无源之水、无本之木,而是根植于永康悠久的历史文化和蓬勃的经济社会土壤之中。永康历史文化底蕴深厚,不仅是"为官一任,造福一方"的胡公的故乡,也是倡行"义利双行,王霸并用"的"永康学派"的发源地。在漫漫历史长河中,以"胡公精神"与"永康学派"为内核,永康人民积极传承与发展了一系列中华优秀传统文化。可以说,"龙山经验"是根植于中国大地、中华文化的重要地方治理经验。

　　"龙山经验"是充分吸收人民群众智慧而开创的,在党的领导下、依靠群众力量、充分发挥各级党政机关功能的一整套行之有效的基层社会治理方法。早期的"龙山经验"是坚持党委领导、法庭职能前移、各方力量联动,通过分层过滤、递进式调解的诉源治理方法。当前,"龙山经验"已从诉源治理经验逐渐发展成坚持基层党建与基层治理相结合、坚持诉调对接与职能前移相结合、坚持社会协同与公众参与相结合、坚持多元化解与分级调解相结合的县域法治建设的典型经验。

第一节 "龙山经验"的历史文化基础

从法律文化角度而言，"龙山经验"有三大渊源：一是永康学派的"实事实功"文化，二是中国古代儒家伦理法文化，三是以"马锡五审判方式"为代表的中国共产党领导创建的人民司法文化。综合而言，"龙山经验"是根植于中国大地、中国文化的重要地方治理经验；"龙山经验"虽以"诉源治理"为标志性认知，但并不局限于"诉源治理"；"龙山经验"是一种涉及地方全域的基层法治建设经验。①纵观"龙山经验"孕育发展完善的历史与现实，其深厚的文化基础可以借助"胡公精神""永康学派""儒家法""马锡五审判方式"这四个关键词加以把握。

一、"龙山经验"与传统法律文化

（一）"龙山经验"与"胡公精神"传承

"胡公精神"是"为官一任，造福一方"的生动解读。我国广袤的土地孕育着各不相同的风土人情，发扬地方文化精神可以提高公民基层治理的主动性和自治力，推动形成政府引领公民治理、公民监督政府依法行政的依法治理格局。②

---

① 参见余钊飞：《"龙山经验"与中国法律文化传统》，载《人民法院报》2020年6月5日，第5版。

② 参见胡联章于2021年5月16日在"社会主义法治文化建设与'龙山经验'创新发展"研讨会上的主旨发言：《胡公文化与清廉法制》。他讲述了胡则改革盐法，建议"盐政改官卖为商售"等故事，对我们现在的清廉建设、法治建设有重要参考意义。

1. "为官一任，造福一方" 的胡公

胡公，即胡则（963—1039），是北宋时期著名的清官，永康历史上第一位进士，开宋代八婺科第之先河。胡公历仕宋太宗、宋真宗、宋仁宗三朝，曾任十州、六路（省）主官，最高职务为权三司使（代理计相），即负责全国经济财政的最高长官；71 岁时第二次担任杭州知州，次年以兵部侍郎致仕。胡公在任期间实行了一些调节社会阶级矛盾的政策、措施，以缓和社会矛盾，改善民众生活，其中影响较大的当属改革盐法和奏免丁钱二事。

首先是改革盐法。天圣八年，胡则升任给事中、权三司使。时值大宋朝闹盐荒，国库空虚。为改善国家财源，胡则提出了"通商五利之法"，即改官盐专卖为商销，但因触碰了很多权贵的利益，招来一片反对声。后者表面上的反对意见有二：第一，认为"有辱圣人治国之道"；第二，认为"商销是讲'利'，官卖才是'义'"。胡则力排众议，奏"通商五利之法"：一能解盐荒，二能增税源，三能利百姓，四能通有无，五能益和谐。言之有据，切中时弊。他认为国家的稳定是最大的"义"。仁宗准奏，新盐政施行，盐荒缓解，朝廷增收，百姓称便。史称：十月，诏议盐法，画"通商五利之法"上之。透过改革盐法的事迹，实干家的精神，实干家的技巧，在胡则身上得到了很好的体现。[1]

其次是奏免丁钱。明道元年，长江、淮河一带大旱成灾，民不聊生，胡则及时上疏，建议永远蠲免江南地区的身丁钱。宋仁宗最终同意免去胡则家乡衢婺二州的身丁钱，胡则非常欣喜，并写下七律《奏免衢婺丁钱》：六十年来见弊由，仰蒙龙勅降南州。丁钱永免无拘束，苗米常宜有限收。青嶂瀑泉呼万岁，碧天星月照千秋。臣今未恨生身晚，长喜王民绍见休。胡则奏免身丁钱一事深得人心，其本人的影响力也与日俱增。[2]宋婺士登进士者自则始，其影响深远；生活在杭州的婺州籍官宦、读书人，每年暮春必定专门聚

---

[1] 参见《浙江金华胡则：为官一任造福一方 读书至乐教子至要》，载中央纪委监察部网站，http://m.ccdi.gov.cn/content/83/de/8951.html，2022 年 8 月 4 日访问。

[2] 参见朱海滨：《僧侣、士人与胡则信仰》，载《复旦学报（社会科学版）》2007 年第 6 期。

在一起，一同前往参拜胡则墓并在其庙旁举行祭拜活动。[①]

2.胡公文化的传承

北宋以来，胡则为以永康为主的江浙百姓世代敬仰、崇拜、奉祀，以"胡公大帝"为主轴的地域文化由此形成。胡公殁后，景仰他的百姓将其供奉在方岩山上，尊称其为"胡公大帝"，世受香火。北宋末期，朝廷对祠庙的加封行为逐渐增加。因胡则有惠于本郡，百姓为之建庙祭祀，北宋政府的赐封加强了民间对胡则的崇奉。新中国成立后，胡公文化得到党和政府的高度肯定。1959年8月，毛泽东同志在列车上接见永康县委书记，赞评胡公"为官一任，造福一方"，是北宋时期的一名清官，为人民办了很多好事。2003年6月，习近平同志视察永康方岩时指出，"我们也要像胡公'睦邻怀远'那样招商引资，加强对外合作"，"要'减免丁钱'，税费改革，减轻农民负担"；[②]他说："在宁德当地委书记时，我提出的号召就是'为官一任，造福一方'，并把它作为座右铭。"[③]由此可见，胡公文化是传承千年永康文化的金名片，对后世影响深远。

（二）"龙山经验"与"永康学派"

2004年10月，习近平总书记在浙江工作期间向陈亮国际学术研讨会组委会发出贺信，其中指出："陈亮是我国著名的爱国主义者，杰出的思想家、文学家。他创立的永康学派，强调务实经世，为'浙江精神'提供了重要的历史文化内涵。研究陈亮学说，就是要探寻浙江优秀文化传统，在研究浙江现象、总结浙江经验、提炼'浙江精神'方面取得创造性成果，为我省经济发展、社会进步、文化繁荣，提供重要的精神动力。"[④]习近平同志对陈亮

---

① 参见《黄文献公集》卷七上《南山题名记》。

② 参见胡联章：《胡公是谁？》，载《永康日报》2020年10月22日，第4版。

③ 参见《组工时评 | 弘扬胡公精神 谱写时代华章》，载微信公众号"永康党建"，https://mp.weixin.qq.com/s/lmfMHZW--r2V0hyb4Oca4g，2023年9月1日访问。

④ 参见浙江省社会科学院编：《陈亮研究："陈亮国际学术研讨会永康学派与浙江精神"论文集》，上海古籍出版社2005年版，第3页。

的历史贡献给予了高度评价。在南宋思想史上，以永康陈亮与永嘉叶适为代表的注重实事、实功、实利的学术派别，称为"事功之学"，为南宋以注重史学为其学术特色的"浙东学派"的重要一支。[①]陈亮，生于1143年，逝于1194年，字同甫，号龙川，婺州永康人，[②]南宋前期著名的思想家、文学家，其思想被视为"儒家功利主义"，其人则被归列于"功利主义儒家"[③]。陈亮倡导经世济民的"事功之学"，提出"盈宇宙者无非物，日用之间无非事"。曾有学者总结陈亮、叶适在思想、经济、法律以及民族方面观点的共性，并肯定了陈亮、叶适在中国思想史上占有重要的地位。[④]第一，在思想上，他们都反对理学家们空谈"义理"之学，强调"道"在事物之中，与民生日用等实事实物是不可分的，"道之在天下，平施于日用之间"[⑤]，"物之所在，道则在焉"[⑥]。第二，他们反对把义理和事功对立起来，主张"功到成处，便是有德；事到济处，便是有理"[⑦]。仁义必须表现在功利上，"既无功利，则道义者，乃无用之虚语尔"[⑧]，正确的主张应当是"义利双行，王霸并用"。第三，在经济上，他们否定传统的"重本抑末"思想，主张"农商一事"，"通商惠工"和"以国家之力扶持商贾"。第四，在法律上，他们认为"持法深者无善治"，要求轻刑罚，"欲治天下而必曰严刑而后治，亦见其无术矣"[⑨]。第五，在民族问题上，他们抨击当时一些理学家"安于君父之仇"，对社会危机和

① 陈荣捷在韦政通主编的《中国哲学辞典大全》"浙东学派"条称，浙东学派，以史学著。其巨擘有四。吕祖谦（字伯恭，称东莱先生，1137—1181），陈亮，陈傅良（字君举，号止斋，1137—1203）与叶适（字正则，号水心，1150—1223）是也。

② 参见邱阳：《陈亮及其文学研究》，东北师范大学2018年博士学位论文，第1页。

③ 参见［美］田浩：《功利主义儒家：陈亮对朱熹的挑战》，姜长苏译，江苏人民出版社1997年版。

④ 参见杨鹤皋：《中国法律思想通史》，湘潭大学出版社2011年版，第758—759页。

⑤ （宋）陈亮：《陈亮集》，中华书局1974年版，第100页。

⑥ （宋）叶适：《习学记言》卷四十七。

⑦ （宋）陈傅良：《止斋文集·致陈同甫书》。

⑧ （宋）叶适：《习学记言》卷二十三。

⑨ （宋）叶适：《水心别集》卷八。

民族耻辱麻木不仁，"皆风痹不知痛痒之人也"。朱熹早已觉察其与永嘉、永康两派之差异，认为"陆氏之学虽是偏，尚是要去做个人。若永嘉、永康之说，大不成学问。不知何故如此？"①可见，朱熹同陆九渊虽有些争论，但对其心学一派还是有所肯定的，对永嘉、永康两派则不然。

1.陈亮的主要思想

陈亮自称"人中之龙，文中之虎"，其一生事迹中最引人瞩目的要数年少时著《酌古论》、五次上书孝宗和与朱熹进行"王霸义利"大辩论，这三件事最能说明陈亮追求建立功业、反对空谈心性的思想内核，所以"功利主义""事功学派"等都是学者们经常用来修饰他的字眼。②其学说是以一种崭新的面貌呈现于世人面前的，其议论精辟，陈言高放，洋溢着慷慨激昂之气，足以振奋人心，且又切中时弊，极符合要求社会进步、民族强盛、收复故土这种普遍的社会心理；其本人之处世率真坦直，时有不拘小节的狂态，生活上困顿颠踬，以至于身陷囹圄，颇为其生平添了几分传奇色彩；自乾道八年开始，陈亮一直从事讲学活动，门下弟子不少；他与朱熹的数年笔战，引起了南宋学术界的普遍关注。凡此种种，皆促成了陈亮思想在当时学界的迅速传播。③

（1）主张"义利双行"

南宋统治者对内镇压农民起义，对外屈辱求和，这一时期法律思想多是围绕理学与反理学的斗争及天理人欲、"王霸义利"的辩论而展开。孔孟对"利"的消极态度为中国传统文化定下了基调，深刻影响了中国古代社会的经济生活以及中国古代法。而荀子所言"义与利者，人之所两有也"则肯定了功利的现实存在，他对待功利的态度是积极的。在此基础上，荀子还认为，道德能够带来功利。虽然荀子肯定道德对功利的优先地位，但不同于孟子"为了实现道德本性而将功利作为折中手段"的主张，他认为高尚的道德

---

① 《朱子语类》卷一百二十二。

② 参见方如金：《陈亮研究论稿》，河北大学出版社2015年版，第210页。

③ 参见董平、刘宏章：《陈亮评传》，南京大学出版社1996年版，第421—422页。

义务的建立，不能否认人功利的本性。这一在道德优先的框架下积极分析功利对道德的意义的思想，实际上成为陈亮功利思想的先师。[①]宋代两浙路工商业繁荣，社会富裕。在浙江省内尤其是浙东地区的经济繁荣背后，由于人口增长，土地资源更加紧缺，而"'重本抑末'的思想也往往使得商人在积累资本后大量购置田土，从而加剧了土地的买卖兼并"[②]，农民缺地或者少地的现象十分普遍，故"无业游民"人数剧增，社会矛盾日益尖锐的同时也有不少人迫于生计而改行经商，浙东地区先后涌现明州、越州、温州、婺州、台州等商贸城市，且商业贸易之活跃不局限于城市，杭城的郊区镇市同样"民物阜蕃，市井坊陌，铺席骈盛"。婺州所属各县手工业极为发达，由此也带动了当地商品经济的发展，史称金华县城"民以织作为生，号称衣被天下，故尤富"。在此经济背景下，对财富和利益的追求在不小的范围内已不再是一种禁忌，百姓可以更为大胆地"言利"。陈亮和朱熹曾展开著名的"王霸义利"之辩。主要争论在于：第一，朱熹认为道是超越事物的，而陈亮强调道不能脱离事物；第二，朱熹把所谓道德与事功对立起来，陈亮则认为道德与事功是统一的。朱熹专讲动机，认为"王霸"之别就是"义利"之分，王者照"义"办事，霸者则图谋个人私利；他曾批评陈亮，要他绌去"义利双行，王霸并用"之说。陈亮重视事功，所以他肯定汉唐，汉唐既然能够建功立业，那么也就体现所谓的"道"了。他认为，汉高祖刘邦和唐太宗李世民都是"勃然有以拯民于涂炭之心"，且"终不失其初救民之心，则大功大德固已暴著于天下矣"[③]。

（2）主张"时异事变"

陈亮治学首先学隋代高士王通（字仲淹），认为王通是孟子之后第一人，王通十分重视通变之道，主张变通某些法规、制度，以实现理想政

---

① 参见王浦劢、赵滕：《陈亮功利思想辨正》，载《中州学刊》2019年第6期。

② 参见薛梅卿、赵晓耕主编：《两宋法制通论》，法律出版社2002年版，第220页。

③ 参见（宋）陈亮：《陈亮集》，中华书局1974年版，第33页。

治。① 陈亮亦十分推崇通变之道，他说："王通有言：'《皇坟》《帝典》，吾不得而识矣，不以三代之法统天下，终危邦也。如不得已，其两汉之制乎！不以两汉之制辅天下者，诚乱也已。'仲淹取其以仁义公恕统天下。"② 从陈亮以史学为角度所作的书疏、《中兴论》、《酌古论》、《三国纪年》、史传序来看，其创作风格学习了司马光。中国史学有经世致用的传统，常与政治学紧密联系，到了宋代，"政史不分"又有了进一步的发展，司马光在总结前人的史学成果时，把历史与现实紧密地结合起来，表现出强烈的以史资治的政治意识。③ 陈亮在史传诸序中，亦是借古之贤人志士来抒发现实的感慨，以期补现实政治及世俗人心；《三国纪年》的诸赞也是仿照司马迁《史记》论赞体例而撰写④，对历史人物有褒有贬；《陈亮集·汉论》中并没有把暴君的称号加在后世强权统治者身上，谴责他们的残虐，而是通过重述历史事实和英雄事迹来证明事功伦理学，他论证说，"义"要受英雄人物所面临的时代和境遇的制约，所以"道"是在历史中演变的。陈亮强调"事功"，倡导事业功利有补于国计民生的"事功之学"，认为道德是与事功密切联系的。因此，他也特别反对专注于言心谈性的理学。陈亮针对宋室南渡后，理学家盛行空谈道德性命之学，无补于社会实际的状况，进行了深刻抨击。⑤

---

① 参见刘泽华主编：《中国政治思想史（隋唐宋元明清卷）》，浙江人民出版社1996年版，第150页。

② （宋）陈亮：《陈亮集》，中华书局1974年版，第290页。

③ 参见刘泽华主编：《中国政治思想史（隋唐宋元明清卷）》，浙江人民出版社1996年版，第248页。

④ 参见邱阳：《陈亮及其文学研究》，东北师范大学2018年博士学位论文，第206页。

⑤ "今世之儒士，自以为得正心诚意之学者，皆风痹不知痛痒之人也。举一世安于君父之仇，而方低头拱手以谈性命，不知何者谓之性命乎？"参见（宋）陈亮：《陈亮集》，中华书局1974年版，第8—9页。"往三十年时，亮初有识知，犹记为士者必以文章行义自名，居官者必以政事书判自显，各务其实而极其所至，人各有能有不能，卒亦不敢强也。自道德性命之说一兴，而寻常烂熟无所能解之人自托于其间，以端悫静深为体，以徐行缓语为用，务为不可穷测以盖其所无，一艺一能皆以为不足自通于圣人之道也。于是天下之士始丧其所有，而不知适从矣。为士者耻言文章、行义，而曰'尽心知性'；居官者耻言政事、书判，而曰'学道爱人'。相蒙相欺以尽废天下之实，则终于百事不理而已。"参见（宋）陈亮：《陈亮集》，中华书局1974年版，第179页。

（3）主张"持法深者无善治"

陈亮法律思想的理论基础是事功学说，力陈除弊兴利，改革现行法度。他阐述了"道"与"法"之关系，揭示"义理"、"事功"和"法度变革"三者之间的内在联系。他还继承和发展了礼法结合的思想，又认为礼法交修，以仁为本，归于王道；继承和发展了明德慎罚的理念，又主张简法轻刑，反对严刑峻法，追求公正，崇尚德治。[①]一言以蔽之，陈亮的法律思想以功利主义为主要特征，[②]并在此基础上提出了一些关于法度的主张。

首先，陈亮针对当时法制混乱、用法严酷、官吏枉法徇私的状况，进行了深刻批判。[③]法制的繁密严峻将使法制的功效化为乌有，造成事功不成，天下不理，人们只能"望法兴叹"。对此，陈亮提出了"持法深者无善治"的观点。[④]当然，这并非宋人的发明，它一直贯穿于古人立法的理念和行动中。"法深"一词可作法律繁多、严苛之意解，法律的无限严厉和庞杂，都会给社会带来不便甚至动荡，古人深谙此理，因此在对待法律的态度上是十分谨慎的，立法更是十分小心，自隋唐定型的传统法制一直延续到清末都未做基本改动，篇目结构精简适当。[⑤]陈亮认为"宽简之胜于繁密也，温厚之

---

① 王颢：《试论陈亮以事功学说为基础的法律思想》，载《哈尔滨市委党校学报》2006年第2期。

② 参见俞荣根主编：《中国法律思想史》，法律出版社2000年版，第225页。

③ "今日之法可谓密矣：举天下一听于法，而贤智不得以展布四体，奸宄亦不得以自肆其所欲为，其得失亦略相当矣。然法令之密，而天下既已久行而习安之，一旦患贤智之不得以展布四体，而思不恃法以为治，吾恐奸宄得以肆其所欲为，而其尤反甚于今日也。"参见（宋）陈亮：《陈亮集》，中华书局1987年版，第125页。"极而至于本朝，律令格式，皆有成书，张官置吏，所以行其书耳。……今自省部、台阁、诸司、郡县，既已尽困于书，而犹患书之不详，法之不密，议臣不知其几请，法令不知其几修，而算计见效，事功愈以不成，天下愈以不理。"参见（宋）陈亮：《陈亮集》，中华书局1987年版，第171页。

④ "风林无宁翼，急湍无纵鳞。操权急者无重臣，持法深者无善治。奸宄之炽，皆由夫禁网之严；蟊漏之多，亦由夫防闲之密。"参见（宋）陈亮：《陈亮集》，中华书局1974年版，第444页。

⑤ 参见赵晓耕、沈玮玮：《专业之作：中国三十年（1979—2009）立法检视》，载《辽宁大学学报（哲学社会科学版）》2010年第5期。

胜于严厉也"①。因此其主张"简法重令以澄其源，崇礼立制以齐其习"②。这是对当时法网严密的批评和改良之法。

其次，陈亮反对严刑峻法，主张轻刑罚。③他认为，古代圣明帝王之所以规定各种刑罚，是为了"塞其不可之涂"。在他看来，古代皋陶作刑颁示天下的主旨就是"轻刑"。他希望朝廷"考尧舜之所以轻刑之繇"，从中吸取经验。他主张，凡报批的案件，情节稍轻的，都从宽处理。④同时，陈亮也反对恢复肉刑。他指出，肉刑起于苗民，尧也用过它，只不过是为了惩戒小人，并非出于圣人的本意，肉刑不是不可废除的大经大法。⑤

最后，在赏罚问题上，陈亮承接了"宋初三先生"之一孙复的观点，主张明赏罚。孙复精通经学，其治《春秋》的特色在考时之盛衰，推见王道之治乱，也由此而强调赏罚之用，他认为："赏所以劝善也，罚所以惩恶也。善不赏，恶不惩，天下所以乱也。"陈亮在论述赏罚之时也表达了治国离不开赏罚之观点，并认为赏罚必须顺乎天下民心之公，而非出于君主的一己之私，此论亦与苏洵之赏罚观应和，苏洵指出："赏罚者，天下之公也；是非者，一人之私也。……赏罚人者，天子诸侯事也。"陈亮也说："天下以其欲恶而听之人君，人君乃以其喜怒之私而制天下，则是以刑赏为吾所自有，纵横颠倒，而天下皆莫吾违。善恶易位，而人失其性，犹欲执区区之名位以自尊，而不知天下非名位之所可制也。"

需要注意的是，陈亮并非反对法制，他认为"举天下皆繇（由）于规矩

---

① 参见（宋）陈亮：《陈亮集》，中华书局1974年版，第116页。
② 参见（宋）陈亮：《陈亮集》，中华书局1974年版，第23页。
③ 参见杨鹤皋：《中国法律思想通史》，湘潭大学出版社2011年版，第763页。
④ "凡天下奏谳之事，长案碎款，尽使上诸刑寺。其情之疑轻者，驳就宽典。"参见（宋）陈亮：《陈亮集》，中华书局1974年版，第115页。
⑤ "夫鞭作官刑，扑作教刑，金作赎刑，眚（过失）灾肆赦，怙终贼刑。官刑既如彼，教刑又如此，情之轻者释以财，情之误者释以令。凡可出者悉皆出之矣，其所谓怙终贼刑者，盖其不可出者也，天下之当刑者能几人？后世之轻刑，未有如尧舜之世者也。"参见（宋）陈亮：《陈亮集》，中华书局1974年版，第116页。

准绳之中"①，且统治者在立法、行法之中，须有"公天下之心"，不应"以其喜怒之私而制天下"，即治国必须有法度，统治者不应凭自己的喜怒之心来修法改法。综上，宋代一方面以儒学立国，推行德政仁治，崇尚文治，以德主刑辅相标榜；另一方面因内忧外患和吏治腐败，阶级矛盾日益尖锐，实行严刑峻法，加强中央集权。在这一矛盾的政治环境下，陈亮法律思想的倾向性又非常明显，除了强调礼法结合，致力于王道外，又高举慎法恤刑的旗帜，倾慕德治，追求法律的公正。陈亮把儒法两家的法制思想融通结合起来，交会在公理天道之上，这是中国法制史上唐宋礼法结合高度发展的反映。陈亮丰富并促进了这一融合的内容和进程，又在结合的归依上侧重于礼法各自的合理性，也由此与同时代的其他法制思想和法律思想家区别开来，形成自己的特色。②

（4）主张"重农重商重理财"

陈亮的民生经济思想十分丰富，总结起来主要有"民为邦本"的重农观、"农商一事"的重商观、"轻徭薄赋"的宽民观、"惩贪保富"的富民观、"藏富于民"的理财观等，以下将重点介绍重农观、重商观以及理财观。

首先，"国以农为本，民以农为重"的重农观。③农业是整个古代社会的根基，民以食为天，"农者衣食之源"④，就物质财富而言，农产品是古代社会最重要的财富。南宋浙东事功学派的学者们谈到富国问题时，首先是对农业、农民问题的关注和阐释，他们把重视农业发展作为实现富国的必要途径。陈亮借用了秦王朝灭亡和西汉王朝由衰弱走向兴盛的历史经验和教训来说明农业问题的重要性。另外，他还认为"国以农为本，民以农为重，教以农为先，

---

① 参见（宋）陈亮：《陈亮集》，中华书局1974年版，第5页。

② 参见肖建新、李永卉：《陈亮法制思想的特色》，载《安徽师范大学学报（人文社会科学版）》2004年第6期。

③ 参见方如金、赵瑶丹：《论南宋浙东事功学派的富民强国思想》，载《文史哲》2005年第6期。

④ 参见（宋）陈亮：《陈亮集》，中华书局1987年版，第163页。

堕农有罚"①。为此，陈亮提出了自己的主张：一方面，"使乡间之豪自分其田而定其属户，为之相收相养之法"，也就是说让劳动力相对固定在土地资源上，保证农业生产；另一方面，"括在官之田，命乡择闲民之强有力者分给之，为之追胥简教之法"，即充分挖掘劳动力资源，提高生产效率。②

其次，"农商相籍，农商一事"的重商观。历代众多思想家大都主张"重农轻商""重农抑商"，认为重视农业生产，必须抑制工商业的发展，实现"利出一孔"，使农业生产成为百姓经济收入的唯一来源，国家也推行"驱民归农"措施。传统农本思想将农业经济发展作为一个孤立系统来看待，发展农业和繁荣工商业两者被对立起来，这种农本思想使整个社会经济被严格地限制在自然经济的范围内，是封建统治者维护其统治的法宝，但并不能真正实现和达到国富民强的目标。③然而，陈亮并不这样认为，他曾上书宋孝宗："加惠百姓，而富人无五年之积；不重征税，而大商无巨万之藏，国势日以困竭。"④他认为，大商富人于国家有利，所谓富人包括一般地主和兼营商业的地主，而农商是互利的，应该相互结合、相互支持。⑤农商之间有行业分工，更有紧密联系，农业的发展是商业繁荣的物质基础和必要前提，而商业的繁荣又能反过来成为促进农业持续稳定发展的强大动力。⑥由于农业受气候等自然因素的影响较大，其生产的好坏具有很大的不稳定性，而商业的发展，既可在丰年避免谷贱伤农局面，又可在灾年互通有无，帮助农民渡过难关。

---

① 参见（宋）陈亮：《陈亮集》，中华书局1987年版，第215页。

② 参见方如金：《陈亮研究论稿》，河北大学出版社2015年版，第340页。

③ 参见陈剑峰：《南宋名儒陈亮的农业经济思想》，载《农业考古》2008年第3期。

④ 参见（宋）陈亮：《陈亮集》，中华书局1974年版，第6页。

⑤ 参见北京大学哲学系中国哲学史教研室编写：《中国哲学史》（下册），中华书局1980年版，第101页。

⑥ "古者官民一家也，农商一事也。上下相恤，有无相通，民病则求之官，国病则资诸民。商借农而立，农借商而行，求以相补，而非求以相病"参见（宋）陈亮：《陈亮集》，中华书局1974年版，第127页。

最后，"行惠民之政，藏富于民"的理财观。①陈亮指出："财者天下之大命。"他认为理财应以富民为目标，关键在于政府采取怎样的措施。第一，他主张增加地方的财权，并增加地方的储备，只有"藏富于民"才能实现国家的富强。具体而言，可以通过两个途径实现：一是分拨部分杂税留存于地方；二是整顿和恢复传统的常平仓、义仓制度，改变长期以来各级官府借常平仓、义仓之名变相搜刮百姓的做法，使之能在预防人祸、天灾、备荒济民中充分发挥作用。第二，他主张减少军费，为保证不影响军队的战斗力应实行兵农合一制。"兵民交相养"，可以使智愚各得其所，而上下各安其业。无事皆良农，有事皆精兵，而将校又皆有常人。这样，既可以节省大量的养兵费用，又有助于社会经济的发展，在增加赋税的同时又减轻了百姓的负担。②第三，他主张以宽民力为标准选拔、荐举官吏，评价朝廷政策优劣。第四，他主张藏富于民，有利于国家长治久安。"富民论"在根本上提出鼓励致富、发展私有经济等有利于发展商品经济的思想，对于当时思想界的解放是具有巨大意义的。"富民强国、藏富于民"的经济思想，在近半个世纪一直推动着两浙地区乃至东南沿海尤其是温州、金华、义乌、永康一带经济的持续发展，孕育着"龙山经验"。

2. "永康学派"的传承发展

在陈亮学说的传播过程中，形成了"永康学派"，因陈亮号龙川，又称"龙川学派"。陈亮早年喜谈兵，得郡守周葵赏识，授以《大学》《中庸》。在太学为国子祭酒芮煜门人，又曾师事郑伯熊。全祖望、黄百家等均说陈亮之学无所师承，"惧以读书经济为事"，确实别有所得。又与吕祖谦、薛季宣、叶适、陈傅良、倪朴友善，互相探讨功利学说，逐步形成自己的思想体系。二十七岁时上《中兴五论》，纵论时势，反对与金议和，未被采用。即返归故里，授徒讲学，传授自己的学说，远近学者，闻名而来，遂形成"龙

---

① 参见方如金、赵瑶丹：《论南宋浙东事功学派的富民强国思想》，载《文史哲》2005年第6期。
② 参见方如金：《陈亮研究论稿》，河北大学出版社2015年版，第335—336页。

川学派"。著名门人有喻民献、喻南强、吴深、陈颐、钱廓、方坦、郎景明、陈猛、凌坚、何大猷、刘范、楼应元、章椿、厉仲方、丁希亮、陈刚、黄景昌①、谢翱、吴莱②、宋濂、胡翰、柳贯等。但综观朱熹对陈亮之学与浙学的种种批评，作为所谓相对独立的"永康学派"实际上并未流传很久，陈亮去世以后，永康之学便与婺学合流，从而形成了以历史研究为主要特色的一派学术。朱熹所说"今来伯恭门人却亦有为同父之说者，二家打成一片"，是为明证。宋以降浙东史学之盛，无不以经世致用为倡导，溯流讨源，乃与吕、陈之学有很大关系。③千百年来，永康人民一直秉持"艰苦创业、蓬勃向上"的开拓精神，在山地之间硬生生开拓出"世界五金之都"，这是历代永康铁匠和商人"开物成务"的巨大成就。"龙山经验"重视"义利并举"和"以和为贵"的中国传统观念，通过一系列诉源治理方式的创新促使人们在利益面前相互包容、相互让步，从而塑造一个更加"团结互助、包容友爱"的基层社会。④

（三）"龙山经验"与中国传统法律文化

中国古代法治文明中有许多超越时空、具有普遍价值的经验和理论。⑤习近平总书记明确指出："我国古代法制蕴含着十分丰富的智慧和资源，中华法系在世界几大法系中独树一帜。要注意研究我国古代法制传统和成败得

---

① 元代黄景昌，从学于方凤、谢翱、吴思齐，博通百家之言，兼善诗赋，长于音韵，著作有《古诗考》等。

② 吴莱（1297—1340），元代学者。字立夫，本名来凤，门人私谥渊颖先生。元朝集贤殿大学士吴直方长子。浦阳（今浙江浦江）人。延佑间举进士不第，在礼部谋职，与礼官不和，退而归里，隐居松山，深研经史，宋濂曾从其学。所作散文，于当时的社会危机有所触及，要求"德化"与"刑辟"并举，以维护元王朝统治。能诗，尤工歌行，瑰玮有奇气，对元末"铁崖体"诗歌有一定影响。所著有《渊颖吴先生集》。陈亮事功学传至吴深、吴思齐、方凤等人，而方凤是黄潜、柳贯、吴莱等人的老师。

③ 参见董平、刘宏章：《陈亮评传》，南京大学出版社1996年版，第432页。

④ 参见余钊飞：《"龙山经验"与中国法律文化传统》，载《人民法院报》2020年6月5日，第5版。

⑤ 参见张文显：《习近平法治思想研究（上）——习近平法治思想的鲜明特征》，载《法制与社会发展》2016年第2期。

失，挖掘和传承中华法律文化精华，汲取营养、择善而用。"[1]

1. 中国传统法律文化的基本特征

"法不外乎人情"，中国传统民间社会对法律的一般认识可以用此句简单概括。老百姓认为，法律与人之常情应无矛盾，法律是一般人情的条文化：当僵硬的法条与道德发生矛盾时，应屈法律以顾全人情、情理、民心民俗。宋明清以来，"情理"一词在司法上运用渐广。所谓情理，不过是发轫于断狱的司法要求。[2]"天理、国法、人情"三位一体，是儒家伦理法的内在精神。

（1）情理法相结合

"天理""国法""人情"之间的关系源于"天""天子""民"之间的关系，三者是中国古代政治法律生活中的常用词汇，三者的关系不仅是中国古代官吏的关注点，也是普通老百姓的政治法律思维中的关注点。处理案件、评价事件或人物的一个重要方面，就是看"天理""国法""人情"之间的关系是否摆得平、摆得合理。比如，中国人在正义终于得到伸张时会说"天理昭昭"，在谴责特别恶劣的犯罪时会说"伤天害理""天理难容""国法不容"，在讥讽死抱法条不切实情时会说"不通情理"。"情理法兼顾""合情合理合法"，这两个常用语表达着一个十足的古代中国式观念："情""理""法"三者合起来，通盘考虑，消除冲突处，才是理想的、真正的法律，才是我们判断人们的行为是非善恶、应否负法律责任的最根本依据。单是三者中的任何一者都不可以作为完整意义上的法，此即三位一体。同时，这两个常用语的词序也很值得注意和分析。"情""理""法"三个概念的前后排列顺序也断非偶然，而是反映着人们对其轻重关系的一定认识。在中国人的传统观念中，"合情"是最重要的，"合理"次之，"合法"居后，此所谓"人情大于王法"（但有时人们说"人情大于王法"也可能是在谴责法官徇情枉法，这是需要说明的）。

---

① 参见习近平：《加快建设社会主义法治国家》，载《求是》2015年第1期。

② 参见霍存福：《中国传统法文化的文化性状与文化追寻——情理法的发生、发展及其命运》，载《法制与社会发展》2001年第3期。

（2）重预防遵德礼

"性相近也，习相远也"，这一人性论命题将"把犯罪视为人的本性"排除在外，为重视犯罪预防奠定了人性论和心理学基础。此后经过长期融合，中国传统社会形成了以儒家"人性说"为主体，吸收法家的"人性自私说"的基本格局，在犯罪预防和对犯罪的处罚上，标榜以德礼教化为主、刑罚为辅，即"德主刑辅"的思想。以德礼预防犯罪有两道防线，且其基础都是家庭。一道是以血亲之情为纽带的宗法人伦，它编织在人的内心深处；另一道是狭小和封闭的自然经济，它强调"仓廪实而知礼节，衣食足而知荣辱"，其实这"实"和"足"不过是保持最基本的生活水平和简单再生产能力，但对于一个生活在小农经济天地中的"知足常乐"者来说，这点可怜的满足就足以抵御犯罪的诱惑。[1]"德主刑辅"、家庭预防和社会预防相统一、道德预防和法律预防相统一，是古代中国针对犯罪进行综合治理的智慧。而重视家庭及以家庭为载体的伦理道德在预防犯罪中的作用，是中国传统法文化心理结构的一大特色。[2]这与我们目前坚持和发展新时代"枫桥经验"，畅通和规范群众诉求表达、利益协调、权益保障通道，加强矛盾排查和风险研判，完善社会矛盾纠纷多元预防调处化解综合机制，努力将矛盾纠纷化解在基层，推进社会治理法治化之基调相一致。

（3）重息讼求无讼

"无讼"是中国古代的重要治理理念，有利于政权稳定和减少百姓讼累。民间细故的处理直接关系到百姓的日常生活，也衡量着执政者的治国理政能力。中国古代的"无讼"推动了"德主刑辅"的治国理念在唐代的法典化。其主要内容可以归结为：第一，"和乡党以息争讼"，即通过对诉讼当事人的积极劝导，用调解的方法息讼；第二，重视道德教化，塑造"重义轻利"的价值观，即《论语》所说"导之以政，齐之以刑，民免而无耻；导之以德，

---

① 参见俞荣根：《儒家法思想通论》，商务印书馆2018年版，第25、26页。
② 参见俞荣根：《儒家法思想通论》，商务印书馆2018年版，第25、26页。

齐之以礼,有耻且格",构成"德礼为教化之本"的治国大纲。汉武帝时期,随着董仲舒开创"春秋决狱",法律儒家化进程大大加速,"无讼"理念深入中国古代司法实践之中,并对中国古代的乡村治理和宗族治理产生极大影响,普遍体现在家法、族规和家训里。明清时期,无论是明初洪武年间的《教民榜文》还是清初康熙年间的《圣谕十六条》,都贯穿着"无讼"理念。"无讼"成为中国法律文化价值取向的经济和制度原因。[①]中国传统法律文化与中原的农业文明相伴而生,以血缘为单位的自然经济所产生的熟人社会的控制机制是伦理规范,人们几乎不需要法律和法院;家国一体的社会结构,使处理国民争讼一如排解家庭纠纷,调解为主,辅之以刑,以求和谐;行政、司法合一的政治制度使立法、司法、审判等权力最终集于君主一人,在传统帝制的政治和法律制度下,争讼成为一般民众沉重的负担。[②]"无讼"成为中国法律文化的重要价值取向。历代统治者为了维护统治,减少争讼,高度重视调解。[③]"无讼"价值观的形成,是传统中国特有的自然农业经济与社会结构和现实政治需求相契合的结果。在自然经济条件下,在宗法关系的土壤上,"无讼"成为人们追求和谐、安宁、繁荣的传统理念。[④]

2.传统法律文化在永康的传承

在全面依法治国、建设法治中国进程中,加强法治文化研究,在对中华传统法治文化的丰富资源进行梳理和甄别的基础上古为今用,把那些能够与以科学、理性、民主、自由、公平、人权、法治、和平、秩序、效率为内容的时代精神融为一体的文化传统融入社会主义法治之中,使中国法治的民族

---

① 参见方潇:《孔子"无讼"思想的变异及其原因分析——兼论对我国当前司法调解的启示》,载《法商研究》2013年第1期。

② 参见余钊飞:《"龙山经验"与中国法律文化传统》,载《人民法院报》2020年6月5日,第5版。

③ 参见方潇:《孔子"无讼"思想的变异及其原因分析——兼论对我国当前司法调解的启示》,载《法商研究》2013年第1期。

④ 参见方潇:《孔子"无讼"思想的变异及其原因分析——兼论对我国当前司法调解的启示》,载《法商研究》2013年第1期。

精神和时代精神浑然一体。^①近年来，在"龙山经验"的引领下，永康当地案件成讼量显著下降，"无讼"社区建设成效明显。"龙山经验"把陈亮倡导的"义利并举"思想与传统的"和为贵"理念融合，通过调解来调和纠纷，从根源上减少社会矛盾，达到"无讼"目标，促进百姓和顺、城乡和美、社会和谐"三和相融"。^②当下的"无讼"思想，并非不让老百姓打官司，而是将传统的"和为贵"等理念融入基层治理中，依托调解，形成人民司法与基层群众自治相结合、司法职能与社会治理功能相结合的治理理念。基层社会的"无讼"追求是一种规划的理想图景，"龙山经验"追求"无讼"的目标并非无视诉讼的客观存在，而是充分发挥司法职能减少争讼，降低人民群众的诉讼之累，是典型的诉源治理经验。^③

二、"龙山经验"与红色法治文化

"龙山经验"是人民法庭积极探索出的地方法治建设经验，与人民司法关系密切。早在陕甘宁边区时期，中国共产党领导下的人民司法便创造了著名的"马锡五审判方式"，这种审判方式，既坚持原则，又方便群众，维护了群众的根本利益，在边区政权所辖范围内得到普遍推广，在中国法制史上占据重要历史地位，影响深远。"马锡五审判方式"主张重视群众工作、实地调查与证据收集。其秉承"一刻也不离开群众"的司法理念，贴近基层实践，满足群众需求，延续至今。

（一）"马锡五审判方式"的传承与发展

1．"马锡五审判方式"的传承

"马锡五审判方式"这一表述最早由陕甘宁边区政府主席林伯渠在1944

---

① 参见张文显：《习近平法治思想研究（上）——习近平法治思想的鲜明特征》，载《法制与社会发展》2016年第2期。

② 参见李占国：《坚持和发展"枫桥经验"构建基层纠纷解决新体系》，载浙江在线，https://zjnews.zjol.com.cn/zjnews/zjxw/201812/t20181210_8947466.shtml，2023年8月31日访问。

③ 参见余钊飞：《"龙山经验"与中国法律文化传统》，载《人民法院报》2020年6月5日，第5版。

年1月6日的陕甘宁边区政府委员会第四次会议上提出。在报告第五点"关于改善司法工作"中，林伯渠指出，诉讼手续必须力求简单轻便，提倡马锡五同志的审判方式，以便教育群众。同年3月13日，《解放日报》以《马锡五同志的审判方式》为题发表社论，论述和称赞了马锡五在司法制度上的这一新创造，[①] 至此"马锡五审判方式"基本成形并广为人知。根据《解放日报》的总结，其特点如下：第一，他是深入调查的；第二，他是在既坚持原则，坚决执行政府政策法令，又照顾群众生活习惯及维护其基本利益的前提下合理调解的，是善于通过群众中有威信的人物进行解释说服工作的，是为群众又依靠群众的；第三，他的诉讼手续是简单轻便的，审判方式是座谈式的而非坐堂式的。每个社会成员首先是不愿发生纠纷，万一发生纠纷，国家也总希望在解决的方式上要有利于社会稳定。

在司法工作中，"马锡五审判方式"擅长运用群众路线的工作方法来解决疑难案件，其中两个典型案例均为土地纠纷案，其解决方式如出一辙，皆为先召集群众中有威信者、老人共同参与，厘清事由，最后成功调解。这反映出传统调解对"马锡五审判方式"影响至深，"以德服人"及"无讼"观深入其中。司法工作人员在处理案件时经常通过对当事人动之以情、晓之以理，启发其内心深处的"良知"与"善悟"，使双方互相谦让，达成谅解，圆满地解决纠纷，其价值取向主要是追求"和为贵"，即孔子所言"礼之用，和为贵"，"听讼，吾犹人也，必也使之无讼乎"，追求一种"无讼"的境界。

2.新时代"马锡五审判方式"

"马锡五审判方式"是人民司法优良传统的集中体现和杰出典范，在革命战争年代发挥了积极作用，在当代中国乃至世界的司法领域中都产生了重要影响，为人民法院实现"司法为民"工作宗旨提供了新思路。特别是在当前"龙山经验"实践探索中，永康市人民法院践行"为大局服务、为人民司

---

① 中共陕西省委党史研究室编著：《中共中央在延安十三年史》，中央文献出版社2016年版，第717页。

法"工作主题，开展"人民法官为人民"主题实践活动，继承和发扬"马锡五审判方式"所体现的精神，显得格外重要。具体而言包括三个方面：一是为民。就是始终要把"立党为公，执政为民"的原则看作司法人员的天职和根本宗旨。只有如此，才能做到公正廉明，"无论赢的输的都不能不服判"；只有"为官一任，造福一方"，才能取信于民，赢得人民的爱戴。①二是利民。就是要尊重当事人的人格尊严，保护当事人的合法权益，这是人民司法的直接目的。无论是对原告还是对被告，都要一碗水端平，严格依照法律规定，维护当事人的权益，努力寻求双方当事人利益的共同点和平衡点，在保障民生和促进社会稳定、经济发展之间，实现互利互赢，使当事人的损失降到最低。对于刑事案件被告人的合法权益，也要切实保护，使司法成为法理人情的正确体现者。三是便民。就是便利群众诉讼，为当事人尽量提供方便的条件，这是诉讼制度的一项基本要求。决不能以"法官老爷"自居，高高在上，威吓群众，也不能故意刁难当事人，或者敷衍塞责，拖拖拉拉，更不能草率判决，推卸了事。甚至书写判决书，也要考虑不同对象的接受能力，力求通俗易懂，不搞司法八股，判词要使当事人明白，并要耐心做好他们的思想工作，解除思想疙瘩，最后才能达到"案结事了"。作为人民法官还应处处严谨细心，哪怕判决书上写错一个字，也会给当事人增加麻烦。②

（二）人民法院积极开拓"龙山经验"

人民法院是"龙山经验"的重要推动者。③永康市人民法院继承发扬马锡五审判精神，坚持群众路线，开展巡回审判，深入田间地头、农户炕头，携卷下乡办案，充分依靠群众、发动群众、汲取群众智慧，构建了村委会、

---

① 张希坡：《马锡五审判方式是人民司法工作的一面旗帜》，载《人民法院报》2009年8月11日，第5版。

② 张希坡：《马锡五审判方式是人民司法工作的一面旗帜》，载《人民法院报》2009年8月11日，第5版。

③ 参见：《光影中看历史｜回望永康法院70周年》，载微信公众号"永康市人民法院"，https://mp.weixin.qq.com/s/fgjZduhOGDiIW7KeacrhXw，2020年12月14日访问。

社会矛盾纠纷调处化解中心（以下简称矛调中心）^①、人民法庭等多级调解联动机制。龙山法庭自恢复设立以来，坚持"大量纠纷解决在诉前，大量案件调解在庭前"的理念，不断拓宽诉调对接平台，开拓出富有特色的"龙山经验"。^②永康市人民法院一代代法院人，坚持司法为民；一次次公正无私的审判，深得民心；一项项改革利民的举措，践行着"以人民为中心"和"一刻也离不开群众"的工作宗旨。

2011年2月28日，龙山法庭恢复设立，借芝英法庭办公，2013年在龙山镇桥下村建办公楼。龙山法庭恢复设立之时，全国各地法院案件量呈爆发式增长，各种矛盾纠纷没有在初发、萌芽阶段解决，不仅给法院带来案多人少的压力，还影响了基层社会的自我修复能力。为此，在永康市委"调解先行、诉讼断后"的工作理念下，永康法院党组提出"让大量纠纷化解在诉前、让大量案件解决在庭前"的工作思路，并让龙山法庭先行先试。之后，龙山法庭的法官积极走出法庭，用自己的力量与镇里、村里的干部、乡贤合作，去解决纠纷初始阶段的问题，在这一过程中，"龙山经验"萌芽。2015年是司法改革不断向深水区迈进的一年，全国法院于5月1日全面推行立案登记制。永康法院立案庭切实贯彻"有案必立、有诉必理"的立案登记制，助推"三大机制"建设。2016年12月，永康法院首批员额法官入额，法官员额制改革，标志着法官队伍向正规化、专业化、职业化转变。2017年5月，永康法院建立审判速裁团队和精审团队，实行案件繁简分流，平均审理周期同比缩短6.06天；出台《专业法官会议工作规则》，对重大、疑难、复杂案件加强会商指导，统一裁判标准，在审判专业化上越发精进。2017年12月，永康市"'无讼村'创建暨基层矛盾纠纷多元化解机制建设"现场会在龙山

---

① 2022年，永康市各级矛调中心迭代升级为社会治理中心，其职能相对矛调中心更广，但并未剥离其社会矛盾纠纷化解的核心职能，基于此，本书针对不同时期的叙述将使用不同称呼，但实为同一机构的不同发展阶段。

② 参见余钊飞：《"龙山经验"与中国法律文化传统》，载《人民法院报》2020年6月5日，第5版。

召开。2018年8月，永康市召开"全面深化推广'龙山经验'"工作会议，"龙山经验"得以在永康全域推广。2018年2月，永康市被纳入全省"在线矛盾纠纷多元化解平台（ODR平台）"十大试点县市。法院专门成立推广应用小组，组织全市调解机构学习培训，为诉前矛盾纠纷的线上解决打通"最后一公里"；9月，"浙江移动微法院"应用上线，这项集人脸识别、电子签名、视频音频实时交互等先进互联网技术于一体的小程序让法院开启"指尖诉讼"的时代；11月，平安永康综合体成立，永康法院将民商事立案、缴费、财产保全窗口迁移至综合体，主动将矛盾纠纷化解置于社会综合治理的大格局之中，致力于为群众提供"一站式诉讼服务"。

2019年4月25日，金华全市法院深入实践"龙山经验"推进会在永康召开，"龙山经验"逐渐在全省拓展。永康市人民法院所辖法庭纷纷开展"今日我当值"活动，镇域一级的矛盾纠纷多元化解工作全面铺开。在永康市委领导下，法院开始探索县域一级矛盾纠纷的化解方式，成立金融纠纷调处中心，深化与拘留所在执行和解领域的合作，探索行业纠纷调处，不断丰富"龙山经验"。2019年5月，永康法院适时进行内设机构改革、组建审判团队，进一步整合机构，激发审执效能；出台人员分类业绩考评办法，完善队伍建设；出台司法责任听证规则，使司法责任追究变得更加公开透明；坚持市场化、专业化、法治化方向，推动"执转破"及破产审判工作不断前进。永康法院全体干警克难攻坚、担当作为，"努力让人民群众在每一个司法案件中感受到公平正义"。

第二节　"龙山经验"的经济社会基础

作为"中国五金工匠之乡"，永康素有春秋铸剑、汉造弩机、唐铸铜铳的传统技艺，五金产业久负盛名，是闻名海内外的"五金之都"，同时享有"府府县县不离康，离康不是好地方"的美誉。"五金之都"既蕴含着深刻的历史文化底蕴，也饱含了永康努力打造中国乃至世界先进制造业基地的美好愿景。经济基础决定上层建筑，上层建筑对经济基础有指导作用。永康是制造业大市，民营企业众多，民营经济活跃，经济社会的蓬勃发展催生并滋养了"龙山经验"。而良好的社会治理是保持社会和谐稳定，满足人民美好生活需要的重要保障。

一、市场经济基础

2006年，时任浙江省委书记习近平同志发表《与时俱进的浙江精神》署名文章，将浙江精神概括为自强不息、坚韧不拔、勇于创新、讲求实效。[1]2016年，在G20杭州峰会结束之际，习近平总书记对浙江提出了"秉持浙江精神，干在实处、走在前列、勇立潮头"的新要求。[2]可以说，这种精神在实质上是浙江千百年来历史、地理环境和文化共同孕育的结果。浙江改革创新意识较为浓烈，探索创造了"最多跑一次"等多项改革经验，创造和持续发展了"依靠群众就地化解矛盾"的"枫桥经验"，较强的改革和创

---

① 习近平：《与时俱进的浙江精神》，载《浙江日报》2006年2月5日，第1版。

② 《挺立潮头开新天——习近平总书记在浙江的探索与实践·创新篇》，载中国共产党新闻网，http://jhsjk.people.cn/article/29573663，2023年5月1日访问。

新意识便于大胆探索和及时总结示范区建设的成功经验和制度模式。[①]永康的商贸繁荣，对于"龙山经验"的形成具有积极的促进作用。"龙山经验"是习近平法治思想在基层的有效实践，同时也能有针对性地解决人民群众最关心最直接最现实的利益问题，在高质量发展进程中不断满足人民群众对美好生活的新期待。

（一）中国古代商品经济的昌盛之地

从唐太宗贞观到唐玄宗开元，约百年的时间，是唐朝繁荣发展时期，特别是江南东道的江浙地区，经济发展尤为迅速。五代十国时期虽然是兵燹战伐的动乱年代，但与当时的军阀推行兼并掠夺的黩武政策迥然不同，吴越统治者钱镠为了百姓安居乐业，巩固自己的统治地位，把发展经济放在首位，实行"兴筑海塘，治理潮患""经营水利，发展农业""奖励蚕桑，振兴越瓷""海上贸易，沟通中外"系列政策；在政治上推行"保境安居，不事兵革""礼贤下士，网罗人才""扩建杭城，富甲东南"等基本国策，使吴越经济得到较大的发展。宋代立国，结束了南方分裂割据局面，正如《东都事略》中所云："天下于是定矣。"[②]

由于社会环境的安定，宋代统治者在稳定其统治的同时，又采取了一系列发展社会经济的措施，经过广大劳动人民的辛勤劳动，宋代的农业、手工业、商业和海外贸易在唐、五代的基础上得到了空前的发展。宋代两浙路的农业生产发展、手工业发达、商业繁荣、海外贸易兴盛使得其经济水平居于全国的领先地位，许多方面居于世界前列。如行都临安既是全国的政治、文化中心，也是经济中心，商业、海外贸易异常发达，城中商会

---

① 安蓓、谢希瑶：《为促进全体人民共同富裕探索路径——就支持浙江高质量发展建设共同富裕示范区访国家发展改革委有关负责人》，载新华网，https://baijiahao.baidu.com/s?id=1702188377826988945&wfr=spider&for=pc，2021年6月10日访问。

② 赵瑶丹、方如金：《论陈亮"农商相籍"的重商思想及经商自救活动》，载《清华大学学报（哲学社会科学版）》2011年第1期。

云集，所交易商品不仅来自全国各地，而且世界上四十余个国家的"珠玉、珍异及花果时新、海鲜、野味、奇器，天下所无者，悉集于此"，单是熟食品供应就不下二百种，[①]不仅城内如此，郊区镇市也很热闹。[②] 婺州所属各县手工业也极为发达，商品交换十分频繁，"百工之乡"的永康市，其渊源可追溯至唐宋。[③]

（二）当代中国县域经济强盛之地

新中国成立后，永康市通过土地改革和对农业、手工业、资本主义工商业的社会主义改造，工农业生产逐年发展，人民生活有所改善；1978年改革开放，一靠科学，二靠政策，粮食生产和多种经营发展较快，工商业经济迅速增长，人民生活质量逐年提高。1992年撤县设市以后，对内加大改革，对外加快开放，经济发展驶入快车道，国民经济总产值每年都有大幅度提高，人民物质文化生活得到改善。[④]（详见表1-1）

经初步核算，2022年全市实现地区生产总值（GDP）725.35亿元。按户籍人口计算，2022年全市人均GDP为116506元，按年平均汇率折算，人均GDP为17321美元。[⑤]

---

① 赵瑶丹、方如金：《论陈亮"农商相籍"的重商思想及经商自救活动》，载《清华大学学报（哲学社会科学版）》2011年第1期。

② "南西东北各数十里，人烟生聚，民物阜蕃，市井坊陌，铺席骈盛，数日经行不尽，各可比外路一州郡，足见杭城繁盛矣。"在第一章"义利之辨"产生背景中已提及。

③ 参见赵瑶丹、方如金：《论陈亮"农商相籍"的重商思想及经商自救活动》，载《清华大学学报（哲学社会科学版）》2011年第1期，第95页。

④ 参见永康市地方志编纂委员会编：《永康市志》（第二册），上海人民出版社2017年版，第487页。

⑤ 《永康市2022年国民经济和社会发展统计公报》，载永康市人民政府网，https://www.yk.gov.cn/art/2023/4/19/art_1229400043_4087887.html，2023年6月29日访问。

表1-1　永康市1992—2021年现价地区生产总值[①]

（单位：万元）

年份	GDP	第一产业	第二产业			第三产业	人均GDP
			总计	其中：工业	其中：建筑业		
1992	110299	20766	58796	53914	4882	30737	0.2153
1993	158703	22810	98175	90358	7817	37718	0.3094
1994	240964	34709	157948	146718	11230	48307	0.4686
1995	405261	42262	270715	254784	15931	92284	0.7837
1996	506747	48803	342963	321483	21480	114981	0.9742
1997	566405	38257	397293	375161	22133	130855	1.0844
1998	615104	37055	433938	412868	21070	144111	1.1901
1999	664262	36200	464136	438211	25925	163927	1.2602
2000	752837	35937	531283	500804	30479	185617	1.4223
2001	842015	36708	570661	533006	37654	234646	1.5821
2002	936735	36218	632125	589461	42663	268392	1.7517
2003	1102466	38196	721781	668199	53582	342489	2.0529
2004	1359233	41773	901003	834900	66103	416457	2.5128
2005	1569362	51809	1033082	972980	60102	484471	2.8732
2006	1800451	51743	1186564	1120864	65700	562144	3.2623
2007	2135373	57742	1412998	1325960	87038	664634	3.8296
2008	2512083	66230	1658762	1558720	100042	787091	4.4662
2009	2691383	67433	1745721	1627694	118027	878229	4.7516
2010	3131741	72057	1987625	1836188	151438	1072059	5.4868
2011	3517995	80919	2175707	2006952	168755	1261369	6.1141
2012	3917943	83624	2423968	2249184	174784	1410351	6.7728
2013	4400471	84534	2717802	2541006	176901	1598135	7.5549

---

① 《2022年统计年鉴》，载永康市人民政府网，https://www.yk.gov.cn/art/2023/1/9/art_1229400049_4051442.html，2023年8月30日访问。

年份	GDP	第一产业	第二产业			第三产业	人均GDP
			总计	其中：工业	其中：建筑业		
2014	4672568	82559	2865512	2684688	180931	1724497	7.9394
2015	4864840	79659	2943440	2757837	185768	1841741	8.1855
2016	5287009	84752	3052115	2865479	186844	2150142	8.8191
2017	5584534	78876	3128180	2911476	217009	2377478	9.2153
2018	5899524	80030	3221782	2999978	222211	2597713	9.6298
2019	6295621	82365	3419573	3193535	226471	2793683	10.1998
2020	6397846	89868	3353091	3115037	238398	2954887	10.3163
2021	7222323	92073	3938352	3655107	283788	3191899	11.6181

2021年，全体居民人均可支配收入54213元，比上年增长8.7%，高于GDP增速。按常住地划分，城镇常住居民人均可支配收入65869元，增长7.5%；农村常住居民人均可支配收入35869元，增长9.3%。（详见图1-1和图1-2）

单位：万元

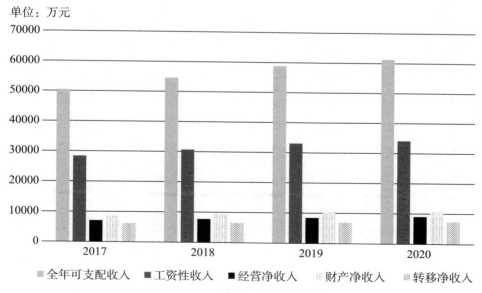

图1-1　永康市2017—2020年城镇常住居民人均可支配收入

单位：万元

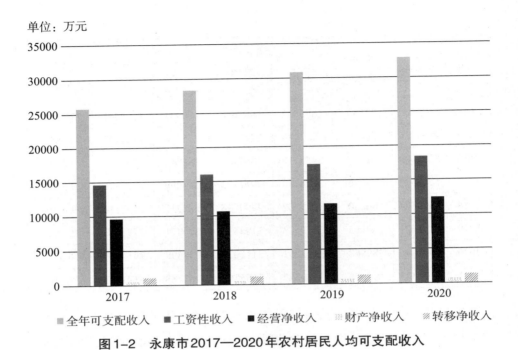

图1-2　永康市2017—2020年农村居民人均可支配收入

　　2021年，全市规模以上工业企业共1028家，亿元以上工业企业205家，大中型工业企业74家。2021年，全市规模以上工业企业实现工业增加值193.46亿元，比上年增长10.7%；全市规模以上工业销售产值1002.34亿元，比上年增长21.72%，其中，出口交货值334.00亿元，增长29.78%，出口交货值占销售产值的比重为33.32%；全市规模以上工业企业的产销率为99.26%，比上年下降0.15%；2021年，全市规模以上工业企业实现利润总额41.33亿元，比上年增长56.4%。2021年，全市有资质的建筑业企业52家，实现建筑业省内总产值103.3亿元，比上年增长36.0%；房屋建筑施工面积1649万平方米。①

1. "五金之都"永康

　　20世纪80年代末，永康五金手工技艺全面复苏，从事小五金手工技艺

---

　　① 前文经济发展统计数据参见《永康市2021年国民经济和社会发展统计公报》，载永康市人民政府网，http://www.yk.gov.cn/art/2022/4/28/art_1229400043_3971023.html，2022年8月7日访问；《2021年永康市统计年鉴》，载永康市人民政府网，http://www.yk.gov.cn/art/2022/1/10/art_1229400049_3946271.html，2022年8月7日访问。

工匠达4万多人，以打铜、打铁、打镴的居多，并涌现出金（银）匠胡永清、铜匠蒋跃祖、铁匠程经文、锡匠应业根、钉秤匠应德印等一大批闻名遐迩的"五金名匠"。进入21世纪，永康五金"工匠精神"得以传承和发扬，"永康锡雕""永康打金（银）制作技艺""永康打铁制作技艺""永康铜艺""永康铸铁（铁锅、铁壶）"先后被认定为国家级非物质文化遗产保护项目和省级非物质文化遗产保护项目，永康锡雕大师盛一原先生制作的"锡雕养生壶"更是被故宫博物院收藏。在历代永康工匠的努力和传承下，永康传统小五金不断向现代五金制造业迈进、行销世界。"永康五金"成为浙江区域品牌，永武缙五金产业集群（永康、武义、缙云）被列入浙江省产业集群转型升级示范区。[①] 在永康，不得不提的还有中国五金博览会。[②] 从1996年至今，中国五金博览会已经举办了20多届。经过20多年的积淀蓄力，五金博览会已经成为更加开放、更具魅力、更有成效的盛会。

永康是靠五金起家的，直至今日永康五金还一直发挥着自己产业的优势，从最先的"小五金"发展到现在的"大五金"，在不断的发展中，永康先后获得了中国"五金之都"、"中国门都"的称号。纵观永康工业发展的历程，其工业经济不断得到提升发展，产业结构进一步优化，工业发展活力不断被激发，为大力实施"五金名城"战略，进一步推动其工业经济快速、稳定增长提供了动力源泉。当前，坚持走"产业数字化、数字产业化"发展道路，已经成为永康广大企业的共识。2020年以来，紧紧围绕打造"中国乃至世界先进制造业基地"的目标，永康持续推动传统制造业改造提升，鼓励企业做大做强，为五金产业发展插上"智造"翅膀，推进工业经济高质量发展。

近年来，永康以强大的五金制造为基础，积极实施"制造业＋电商"战略，始终把数字经济作为转型升级"一号工程"。电子商务的发展不仅推动了传统五金产业转型升级，解决了传统交易回款难的问题，还促使企业直接

---

① 参见《传统五金焕发新时代光芒》，载《永康日报》2019年7月30日，第7版。

② 参见颜元滔：《第25届中国五金博览会圆满落幕》，载《永康日报》2020年9月29日，第1版。

面向市场，推动企业从制造逐步向交易、售后、研发、设计等环节延伸，倒逼企业集中资源向微笑曲线的两端延伸，产品质量、品牌附加值得到了进一步提升。如今，电商产业已成为永康发展最快、创新最活跃、带动力最强、渗透性最广的战略性新兴行业。2022年10月31日，南京大学空间规划研究中心、阿里研究院联合发布了"2022年淘宝村、2022年淘宝镇名单"，永康市以13个淘宝镇、197个淘宝村位列全国淘宝村百强县第三名。根据浙江省商务厅发布的全省2022年各县（市、区）网络零售基本情况，永康市电子商务网络零售额再创新高，境内网络零售额首次突破千亿大关，达1043.24亿元。此外，永康跨境电商发展势头良好，不少企业在eBay、速卖通、亚马逊等跨境平台上开设网店，直接面向海外消费者。永康市首建"品质五金产业寻源平台"，形成供应链试点企业梯度培育体系，拥有国家级示范企业1家、省级试点企业14家。同时，永康市扶持跨境电商贸易新业态，引导企业全球化布局数贸网络。截至2023年7月，永康市共建设跨境独立站200多个，在各大平台上从事跨境电商的店铺达29800余家。①此外，永康坚持"以做工业的思维做农业，以做电商的思维做扶贫"的理念，运用"互联网+三农"方式，打造了全国首个电商扶贫供应链基地。该基地通过帮扶对口贫困地区，打通农产品流通"肠梗阻"，解决要素短板，消除电商公共服务"隐掣肘"，布局线上线下实现"平台式"造血扶贫，让农村电商释放更多红利、激活致富潜能。现阶段，电商、直播成为永康企业拓展市场的新渠道，数字化消费体系延伸到了生产生活的方方面面。浙商回归园工业邻里中心内，考试培训、主播孵化、直播带货等服务电商发展的全产业链培训模式开启，直播区、互动区、培训区、选品区、多功能板块区等模块为电商创业者提供完整的服务体系。此外，永康已经在城西新区、江南街道、花街镇等镇街区建成镇级公共服务中心并试运行，三级电子商务公共服务体系初步建成。永康市三级电商服务体系是在满足实体经济转型需求中应运而生的，在解决企

---

① 参见《我市促消费工作获省政府督查激励》，载《永康日报》2023年7月11日，第2版。

业生存难、转型难、发展难等问题上，直播电商发挥了至关重要的推动作用：既满足企业带货需求，加速解决了产品滞销的库存问题，又促进了商品流通和企业间的贸易往来，有效支持了实体经济发展。永康市镇级公共服务中心积极整合业内资源、培养专业人才，以推动行业发展为目标，力求建立完善的配套直播体系，引导电商行业健康发展。随着永康市电商三级服务体系建立并不断铺开，农村电商公共服务站点体系、农村电商物流体系也逐步形成，构建了一个电商贸易的双向通道。永康也将持续挖掘电商大数据的价值，指导标准化产品生产、加工、流通、消费，助推全市一、二、三产业融合发展，从而全面激发农村经济活力，实现乡村振兴。永康市商务局相关负责人介绍，通过搭建电商孵化平台，永康畅通营销渠道，丰富业态，塑造品牌，实现电商扶贫和产业转型升级，成效明显。2021年11月，永康市商务局发布《永康市电子商务"十四五"发展规划（2021—2025）》，明确了永康市在2021年至2025年关于电子商务的发展思路、发展目标、主要任务与保障措施等，加大力度促进全市电商发展。

2. "先进制造业基地"永康

习近平总书记在浙江工作期间，曾于2003年、2006年两次到永康调研，指出"永康经济特色鲜明，极具发展活力，要努力打造中国乃至世界先进制造业基地"[①]，为永康深化改革开放，推进工业经济转型升级，实现高质量发展指明了方向。永康在2021年政府工作报告"'十四五'时期的主要目标和任务"中提出"聚力完善现代产业体系，加快建设更具世界影响力的先进制造业基地"，促进永康市农村工业化，"始终把经济发展着力点聚焦在实体经济上。实施'永康五金'区域品牌提升工程，深入推进'质量革命''品牌点亮'行动，大力培育'隐形冠军''单项冠军'，推进'品字标''浙江制造'提质扩面，构建一批区域品牌质量标准体系。实施'强链永康'工程，协同推进产业链强链稳链畅链和供应链重组备份替代，做精做强10条标志性

---

① 《以排头兵的姿态坚决当好新时代金华发展答卷人》，载金华市人民政府网，http://www.jinhua.gov.cn/art/2018/8/8/art_1229159979_52707278.html，2023年5月2日访问。

产业链，组建一批企业共同体。实施'千帆计划'，重点扶持一批有竞争优势、成长性好、具有关键核心技术的优质企业，形成梯度分布、结构合理的企业群体。实施产业集群升级行动，围绕现代五金、电子信息、生命健康产业，集聚具有全国影响力的研发制造企业，打造一批拥有较强竞争力创造力的'新星'企业群体。实施数字赋能行动，全面推行智能制造2.0，加快工业互联网平台建设，加快设备联网上云、数据集成上云、工业整体云监管等深度云应用，打造省数字经济创新示范市、智能制造示范市。"① 实业兴，永康兴；实业强，永康强。当前，永康市形成了"基础在工业，特色在五金，优势在民营，活力在市场，后劲在科技"的发展格局。

二、社会发展基础

社会发展的基础是社会生产。社会生产是指人们创造物质财富和精神财富的过程。社会生产的目的是满足人们物质文化生活的需要。所谓社会需要，是指整个社会生产和再生产过程中对社会财富的需求。永康的城市建设目标定位是"融千年古城之典雅、滨江城市之秀美、五金名城之恢宏于一体的基础设施完备、文化气息浓郁、市场经济繁荣的现代化中等城市、国内外知名的五金之都"。因而"龙山经验"的社会发展基础表现在以下几个方面。

（一）永康人口的基本情况②

永康，古称丽州。永康市位于浙江省中部的低山丘陵地区，隶属于金华市。相传，三国吴赤乌八年（245年）孙权之母因病到此进香，祈求"永葆安康"。吴国太病愈，孙权大喜，遂赐名为"永康"，并单立为县。唐时曾

---

① 参见《永康市人民政府办公室关于印发2021年政府工作报告的通知》，载永康市人民政府网，http://www.yk.gov.cn/art/2021/1/27/art_1229188291_3827301.html，2023年5月30日访问。

② 本部分人口统计数据参见《2021年永康市统计年鉴》，载永康市人民政府网，http://www.yk.gov.cn/art/2022/1/10/art_1229400049_3946271.html，2022年8月7日访问；《永康市第七次人口普查分镇数据》，载永康市人民政府网，http://www.yk.gov.cn/art/2022/4/29/art_1229400043_3971135.html，2022年8月7日访问。

擢升为州。1992年经国务院批准，撤县设市。永康市第七次人口普查结果显示：2021年年末2022年年初户籍总户数24.59万户，户籍总人口62.22万人。户籍总人口按性别分，男性人口31.60万人，女性人口30.61万人。按地域分，城镇人口30.06万人，乡村人口32.16万人，乡村人口占总人口的比重为51.69%。（具体情况见表1-2、图1-3、图1-4、图1-5）

表1-2　金华市各市区县（市）常住人口

（单位：万人）

	金东区	兰溪市	义乌市	东阳市	永康市	武义县	浦江县	磐安县
常住人口	50.77	57.57	186.24	108.97	96.58	46.32	46.15	17.74
城镇常住人口	30.52	31.82	148.14	73.87	63.86	28.79	20.93	9.32
常住人口城镇化率（%）	60.21	55.35	79.67	67.90	66.23	62.25	45.42	52.60
年末户籍人口	34.46	65.48	85.34	85.15	62.11	34.52	40.08	21.13

单位：人

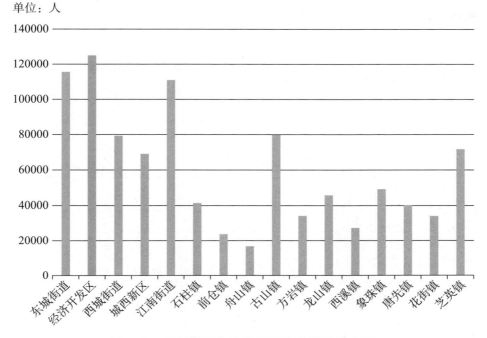

图1-3　永康市第七次人口普查分镇常住人口

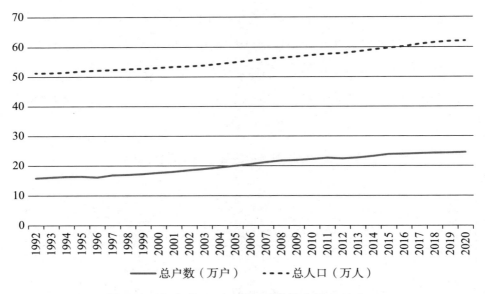

图1-4　永康市1992—2020年总户数、总人口

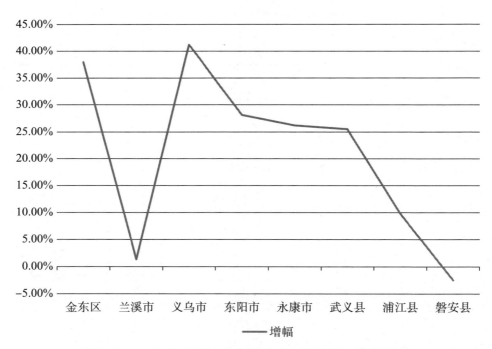

图1-5　2020年金华市各区县（市）常住人口增幅对比

可以看出，在金华市下辖各区县市中义乌市的人口基数以及常住人口的数据增幅都是最大的；永康市常住人口处于中游，增幅上看亦是如此；吸引人口的最终动力还是经济发展，以上数据侧面反映了永康市的经济发展处于稳健增长、持续向好的趋势。

（二）雄厚的社会发展基础

永康市是美丽浙江建设的优秀县。2020年8月15日，浙江省委、省政府公布了2019年度美丽浙江建设（生态文明示范创建行动计划）工作考核优秀单位[1]，永康市被评为美丽浙江建设（生态文明示范创建行动计划）工作考核优秀县（市、区）。近年来，永康市"聚焦能级提升，千方百计优城乡提品质。加快完善综合交通，金台铁路投入使用，新330国道、北三环、西三环贯通，杭丽高铁、义龙庆高速及永康联络线、合温高速纳入省级规划，累计贯通城区'断头路'8条。加速提升城市品质，江南山水新城完成系统规划编制、启动打造'未来城市之心'，省级田川未来社区全面开工，累计实施城中村改造9个、老旧小区改造20个，建成城乡绿道200公里，城区面积扩展到39.6平方公里，常住人口数突破96.6万。省级卫生镇实现全域覆盖，舟山、西溪、前仓、石柱获评小城镇环境整治省级样板，唐先、龙山获评美丽城镇省级样板，古山完成两轮省级小城市试点、由镇向城加速蝶变，芝英入选省级千年古城复兴试点，累计建成美丽乡村示范村113个、省历史文化村落保护利用村45个。全面推进扶贫攻坚，实现'两不愁、三保障'突出问题、家庭人均年收入9000元以下农户、省定集体经济薄弱村'三个清零'。深入推进'农业双强'，获批省农业'机器换人'示范市、农产品质量安全放心市，'永康舜芋''永康灰鹅'获评国家农产品地理标志。扎实推进'五水共治'，最严格水资源管理制度试点通过水利部验收，22个工业区实现雨污分流，北部水库联网工程顺利通水，永磐引水协议成功签订，城乡实现同

---

[1] 参见张赤奎：《守护绿水青山 建设美丽永康》，载《永康日报》2020年8月18日，第1版。

质饮水，主要地表水质100%达标。开展'无废城市'建设，空气质量达到国家二级标准，获评美丽浙江建设优秀市、省生态文明建设示范市、省清新空气示范区。"①

2022年，永康市继续开展低碳转型攻坚，着力彰显发展新气象。首先，积极实施"双碳"行动。以碳达峰为牵引，强化政策研究，制定行动方案。扎实推进电力市场化改革，确保规上企业100%进场交易。加快构建低碳工业体系，经济开发区争创国家级循环经济示范园区，探索开展企业单位碳排放绩效评价，坚决遏制"两高"项目盲目发展。其次，深入推进"四治"行动。继续做好中央、省生态环境督察反馈问题和长江经济带生态环境问题整改。推进PM2.5和臭氧"双控双减"，加大扬尘治理力度，确保AQI优良率保持在90%以上。提升城乡污水处理能力，扩建城区、象珠、芝英等3个污水处理厂，建成华溪及溪心路污水主管5.7公里、农村生活污水处理终端10个。深化"垃圾革命"，全域推行"美丽工厂"，启动垃圾焚烧厂设备提升改造和扩容工程，实施老垃圾填埋场生态修复，谋划建筑垃圾转运和调配场、大件垃圾处置中心。创建"十大无废场景"200个，完成"两定四分"垃圾集中投放点465个。最后，持续践行"两山"理念。深化山水林田湖草生态保护与修复工程，因地制宜开展田园综合体建设。高标准建设"一江五脉"两岸彩色林带，完成石柱省级生态湿地公园建设，新增绿化面积3400亩以上。开展地质灾害综合防治与水土流失综合治理，完成废弃矿山生态修复3个。紧扣产业生态化、生态产业化，培育一批精品农产品，着力打造"永康味"农业区域公共品牌。②

---

① 参见永康市人民政府2022年《政府工作报告》，载永康市人民政府网，https://www.yk.gov.cn/art/2022/7/4/art_1229188291_3993645.html，2023年5月30日访问。

② 参见永康市人民政府2022年《政府工作报告》，载永康市人民政府网，https://www.yk.gov.cn/art/2022/7/4/art_1229188291_3993645.html，2023年5月30日访问。

第三节 "龙山经验"的内涵与精神实质

"龙山经验"有着丰厚的历史文化积淀,龙山镇是南宋著名思想家、文学家陈亮故里,"义利并举"传承千年。"龙山经验"发源于这片历史文化底蕴深厚的土壤,充分展现了永康人民群众的首创精神。

一、"龙山经验"的内涵

早期的"龙山经验"是坚持党委领导、法庭职能前移、各方力量联动,通过分层过滤、递进式调解,将矛盾纠纷消除在萌芽、化解在基层,是根植于基层社会的一整套行之有效的诉源治理方法;是在党的领导下,依靠群众力量,充分发挥法庭功能而构建的以"调解先行、诉讼断后、分层过滤"为特征的诉源治理机制;是人民法院在习近平新时代中国特色社会主义思想指导下开创的诉源治理经验。当前,"龙山经验"已从诉源治理经验逐渐发展成县域法治建设的典型经验。其主要特征表现在如下几个方面。

(一)坚持基层党建与基层治理相结合

龙山法庭辖区龙山、西溪两镇的党委政府的认识十分明确:综治环境要平稳,信访要减少,必须将矛盾化解在一线,化解在初始阶段。

首先,纠纷调解纳入综治平台。乡镇党委政府将"纠纷调解"纳入综治平台,以基层网格党建为依托,充分发挥基层党组织战斗堡垒作用,先后出台《关于构建矛盾纠纷多元化解工作的实施意见》《完善基层治理体系,加强"四个平台"建设实施意见》等文件,成立镇"基层治理四平台"建设工作领导小组，协调公检法司等各方力量，在全市率先成立矛调中心，建立"网格调解——镇矛调中心分流调解——法庭调解"三层递进式纠纷化解模式。

其次，构建大调解长效机制。2013年以来，龙山、西溪两镇党委政府先后出台《联村干部矛盾纠纷排查调处工作考核办法》《对村（企）矛盾纠纷调处积分奖励办法》《矛盾纠纷调处中心工作制度》等机制文件，促使矛盾纠纷多元化解工作由自发性、偶发性转变为制度化、长效化，形成了"多种渠道收集、一个口子归集、二次扇形分流"的"一站式"社会矛盾纠纷化解机制。

最后，凝聚基层治理调解力量。乡镇党委政府牵头，在村、企一级建立了基层五级治理团队，分别是由村党支部书记、村主任、农户网格联系党员组成的红星网格调解团，由矛盾调解能手组成的红色领军调解团，由区域党委成员组成的区域难题共商团，由企业党建联盟、两新企业党组织组成的红色车间调解团和由大调解中心成员单位组成的矛盾纠纷多元化解机关联盟。工作团队间既独立就各自领域开展矛盾纠纷排查化解，也在必要时联动联调，共同化解疑难复杂矛盾纠纷。

（二）坚持诉调对接与职能前移相结合

人民法庭始终坚持法庭职能前移、重心下移，变坐堂问案为进村进企、指导调解、提供法律服务，集中力量搭建大调解网络。2013—2019年，龙山法庭的案件量下降明显并持续保持低位运行，与各地案件量大幅增长形成鲜明对比。2013—2021年，龙山、西溪两镇自我化解各类矛盾纠纷7782件，标的9864万元。尤其是在治危拆违等重点工作大力推进的情况下，呈现行政争议减少、综治及营商环境优化、信访量逐年下降的良好态势，大量传统民事纠纷在进入诉讼之前就得到化解，已连续多年无行政争议案件。其反映基层自治成效的数据有三组：一是龙山镇镇村两级调解案件量及派出所调解案件量，从2012年的516件上升至2020年的1184件，涨幅达129%（如图1-6

所示）。二是龙山法庭受案量，从2013年的806件（不含申请司法确认案件），下降为2021年的298件（不含申请司法确认案件），降幅达63%。2021年因村社换届等原因，部分历史遗留问题暴露，法庭顺势开展了纠纷清零行动，故收案量较上年上涨约15%（如图1-7所示）；2022年再次下降为123件（不含申请司法确认案件），并且首次出现低于申请司法确认案件的情况。三是申请对人民调解协议进行司法确认案件量，从2017年首次实现"0"的突破直至2022年的238件，增加118倍，占龙山法庭当年全部受案量的比例从0.5%增至65.9%（如图1-7所示）。

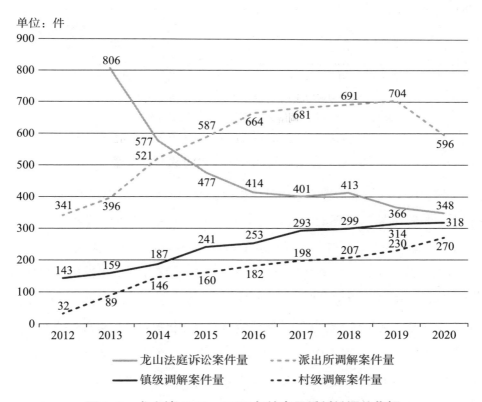

单位：件

图1-6　龙山镇2012—2020年社会矛盾纠纷调处化解

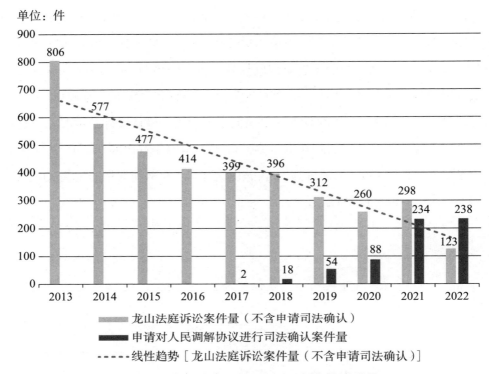

单位：件

图1-7　龙山法庭2013—2022年案件成讼量

龙山法庭在诉源治理方面的具体积极进展，主要是通过理念转型、业务提升、机制创新来实现的。首先，不断弘扬"无讼"文化。龙山法庭出台《关于开展争创"无讼村"的指导意见》，牵头制定永康市"无讼无案""社会治理示范村（社区）创建"评定标准，推动辖区开展"无讼村"创建活动，辖区内传统民事案件除离婚纠纷外基本通过非诉渠道解决。2017年12月，永康市"无讼村"创建暨基层矛盾纠纷多元化解机制建设现场会在龙山召开，"无讼村"创建工作在全市推开。其次，不断提升业务能力。2014年至2021年，龙山法庭与重点村、企结对帮扶，在6个试点村设立法庭指导工作室，共进村进企走访、提供法律咨询2000余次，开展大型法律讲座百余次，开展巡回审判20件次，对个案分析、抽样阅评调解协议100余件，以电话、微信解答咨询1500余次。辖区群众特别是治调人员的法律素养显著提升，需要法庭介入业务指导的纠纷调解案件数量也直线下降，法庭诉前指导调解案件由2014年的239件下降到2021年的11件，调解员从"不敢调""不会调"变成了"熟练调"。最后，全面对接基层网格。龙山法庭主动对接辖区两镇"支部书记为网格长、村两委成员为网格小组长、全体党员与村民代表为网格员"的"网格党建"管理模式，促成建立网格员调解机制，充分发挥网格员在发现矛盾、调解纠纷、协助送达等工作中的积极作用。辖区党委政府建立了倒查机制，制定农村党员干部在基层社会治理中的职责清单及考核制度，明确如矛盾上交而网格未有发现、未作反映，党委政府将予以责任倒查、追究，充分释放网格潜力，就地发现化解矛盾纠纷，进一步降低纠纷成诉率。[①]2017年至2021年，仅网格员就诉前调解纠纷930余起，协助法庭送达610余次，截至2022年，龙山镇桥下东村已连续15年没有民商事纠纷诉至法庭。

（三）坚持社会协同与公众参与相结合

永康市始终坚持对群众性自治组织、社会力量的领导与指导作用，架起了与社会组织和群众之间的"桥梁"、"枢纽"和"平台"。在此背景下，永康法院案件量减少，基层治理调解力量培育作用初步显现。首先，建立调解人才库，强化骨干引领、以点带面。永康把治调干部、"两代表一委员"、新永康人、乡贤、热心公益事业的宗教人士，甚至一些"老刺头"，都纳入治调队伍。截至2022年年初，仅龙山镇已有在册义务调解人员和相关专家近200人，基本实现逐案可选取相匹配的义务调解员跟踪调解。其次，编织全市矛盾纠纷信息网，强化风险防控、提升效率。吸纳辖区内信息通达的热心群众组成信息员网，调解人员通过信息员反馈的情况找准案件调解和审理的切入点，有力提升化解纠纷的效率。同时，法庭主动向信息员收集各类信息，从中筛选涉风险企业近况、重大敏感案件当事人动向等有效信息，做好风险防

---

① 参见李聂、王美姿：《永康"龙山经验"苗头不出网格》，载《金华日报》2018年8月9日，第A01版。

范，稳妥处置涉农民工工资、企业破产等群体性纠纷，积极为地方党委政府建言献策，助力维护辖区和谐稳定。最后，全面开展法庭当值活动，提升基层党员干部的治调能力。龙山法庭和辖区龙山、西溪两镇党委一起推出"今日我当值"活动，村干部以"进法庭、听庭审"与"值法庭、解纠纷"为形式，轮流到法庭当值，两地党委将村干部的履职表现纳入季度、年终考核和党员星级评定，取得了良好治理效果。

（四）坚持多元化解与分级调解相结合

在龙山法庭推动下，龙山、西溪两镇形成了一套独具特色的"防小、抓大、控激化"运作模式，实现了纠纷下降、信访下降、社会综合治理能力增强的良性循环。首先，分层递进调解。第一层：网格调解。有纠纷，网格员第一时间发现、介入，想方设法就地调处；调解不能的，上报网格小组长，由网格长调处。第二层：镇矛调中心分流调解。不能就地调处的纠纷，一并进入镇矛调中心进行繁简分流。根据纠纷的特点及性质，分为一般矛盾、行业矛盾和复杂矛盾，分流到行业部门、派出所、检察室、劳动保障监察所等部门先行调处；复杂疑难纠纷，则启动联合调解程序。法庭在各个环节提供法律服务，必要时参与联合调解。第三层：法庭调解。穷尽调解手段后，属于可诉事项的，引导诉讼。在这一过程中，法庭仍运用立案调解等多种手段开展调解，确实无法调解的，则加快审理进程，商事案件基本实行"三结束"制度，即庭审结束、宣判结束和法律文书制作结束，当庭宣判率在90%以上，尽最大可能高效定分止争。[①]其次，联动联合调解。在大调解网络的建设中，辖区司法所是大调解的关键环节。龙山法庭指导司法所建立了"法治讲习工作室""青少年心理矫正工作室""老李调解工作室"等特色调解室。各调解组织实行衔接联动，实现诉、调、裁一体化运作。2014—2021年，

---

① 参见向春玲、周爱民：《创建矛盾纠纷多元化解机制——永康市"龙山经验"解析》，载《中国领导科学》2019年第2期。

龙山法庭辖区内涉及非正常死亡的20余起民事纠纷，经联动联调，全部得以妥善解决并当场兑现，无一成讼，避免了可能引发的缠访、闹访危机，使问题化解在了基层、解决在了萌芽。最后，线上线下统筹调解。2018年，永康被确定为全省在线矛盾纠纷多元化解平台（ODR平台）十大先行试点单位之一。永康法院为法庭配强配足人员设备，指定专人负责，将线上线下调解统筹结合起来，以"解纷不出户"为目标，让群众随时随地享受方便、快捷、高效的解纷服务。2020年，永康市委政法委与永康法院联合上线试运行"诉源治理指数评价系统"，在全省范围内率先探索县域诉源治理量化评估工作。①

2018年以来，"龙山经验"因其在诉源治理领域的卓越贡献，连续得到全国人大、最高人民法院的高度关注和支持；"龙山经验"相继被《人民日报》《法治日报》《人民法院报》等国家级媒体多次报道。"龙山经验"开始走向全国。

2019年，"龙山经验"相继被评为全省法院诉源治理十大案例、全省法治乡村实践优秀案例；浙江省委改革办、省高院联合发文要求推广"龙山经验"。2020年，永康市委政法委、永康市人民法院制定了45条深化推广标准；龙山法庭获评"全国法院人民法庭工作先进集体"。2020年年底，首届"龙山经验"高峰论坛在永康举行。2021年，全国人大代表黄美媚在十三届全国人大四次会议期间提了关于推广"龙山经验"，推动习近平法治思想在基层全面落地见效的建议，得到了中国法学会等机关的认同和支持。"龙山经验"作为基层法治建设的典型经验走向全国。

二、"龙山经验"的精神实质

2020年12月27日，在首届"龙山经验"高峰论坛上，与会专家普遍认

---

① 参见向春玲、周爱民：《创建矛盾纠纷多元化解机制——永康市"龙山经验"解析》，载《中国领导科学》2019年第2期。

为，"龙山经验"是全面贯彻落实习近平法治思想，推进法治国家、法治政府、法治社会一体建设的基层法治建设经验。整体而言，"龙山经验"的基本特征包括如下几个方面：第一，法治理论与治理实践相结合。"龙山经验"既全面融合了中国特色社会主义法治道路的一系列理论，也吸收了来自基层的一系列实践创新成果。如"龙山经验"坚持各级党委的全面领导、人民法庭职能前移、调动各方力量联动，通过多级分层过滤、递进式调解，将矛盾纠纷消除在萌芽、化解在基层。第二，传统文化与现代文明相结合。一方面，"龙山经验"与永康地方传统文化及地方治理实践关联密切。另一方面，"龙山经验"与国家治理体系和治理能力现代化进程高度关联。第三，顶层设计与基层探索相结合。"龙山经验"成为浙江省著名的地方治理经验品牌，源于基层干部群众创造；与"小事不出村，大事不出镇，矛盾不上交"的"枫桥经验"，变"群众上访"为"领导下访"的"浦江经验"，从"民情日记"发展而来的"雅璜经验"，强调村务监督的"后陈经验"，贯彻"绿水青山就是金山银山"的"余村经验"共同构成了浙江地方治理的标志性品牌。第四，制度创新与制度执行相结合。"龙山经验"坚持政府治理与社会治理同步现代化并共同推进地方法治建设。"龙山经验"的本质在于全面贯彻落实宪法法律和党内法规精神，即一方面保障宪法法律在基层得到有效的实施，另一方面保障《中国共产党章程》《中国共产党政法工作条例》等党内法规制度体系在基层得到有效的落实。

第二章

"龙山经验"与基层矛盾纠纷化解

"求木之长者，必固其根本"，基层是国家的基础和重心，基层社会治理是国家治理的根基所在。人民群众最关心、最直接、最现实的利益要求多发生于基层，社会治理工作最坚实的力量多植根于基层，各项最为突出的社会矛盾和问题多萌芽于基层。重视基层社会治理，既是推动国家治理体系与治理能力现代化的长远之计，也是实现国家富强、民族振兴、人民幸福的固本之策。① 基层社会治理，不是政府单一治理，而是党委、政府、群众自治组织、社会组织、人民群众等对基层事务的共同治理。一个现代化的基层社会，应该既充满活力又拥有良好秩序，呈现出活力和秩序的有机统一；一个健康发展的社会治理共同体，应该既心情舒畅又关系和谐，呈现出个人与集体的互利共生。这就意味着在城乡社区治理、基层公共事务和公益事业中，要增进党建引领、政府治理、社会调节、居民自治的良性互动，完善社会矛盾纠纷多元预防调处化解综合机制，着力推进基层社会治理的制度化、规范化、程序化，让社会治理共同体更具影响力和生命力。② 基层矛盾纠纷化解是社会和谐稳定的"晴雨表"，基层治理是国家治理的基石，矛盾纠纷预防调处化解能力是国家治理能力的重要考核指标之一。"龙山经验"把党的领导贯穿全过程、各领域，坚持城乡基层治理同谋划、同部署、同推进，积极探索基层社会依法治理的有效路径。

作为一种基层治理的方法，诉源治理是"龙山经验"的起点，也是"龙山经验"一以贯之的重要实践领域。永康市人民法院学深悟透做实"把非诉解纷机制挺在前面"的精神实质，不仅勇于自我革命，也推动地方党委政府

---

① 参见王斌通、马成：《以共建共治共享构建社会治理共同体》，载光明网，https://theory.gmw.cn/2020-09/21/content_34206997.htm，2022年6月3日访问。

② 参见王斌通、马成：《以共建共治共享构建社会治理共同体》，载光明网，https://theory.gmw.cn/2020-09/21/content_34206997.htm，2022年6月3日访问。

在诉源治理理念和方法上进行转变，通过革新观念、破除利益藩篱，压实镇街责任，引导全市法官争当"一官三员"（三员即调解指导员、社会综治员、矛盾消防员），逐渐形成了依靠党委、法庭职能前移、社会组织和群众力量参与、分层递进多元化解矛盾纠纷的"龙山经验"，让人民群众在诉源治理中感受到公平正义。

第一节　诉源治理的"龙山经验"

诉源治理是我国社会治理体系中的一种重要方式，在预防和实质性化解矛盾争议、维护社会的和谐稳定等方面能够发挥重要的作用，[①]其意指社会个体及各种机构对纠纷的预防化解所采取的各项措施、方式和方法，使潜在纠纷和已出现纠纷的当事人的相关利益和冲突得以调和，进而减少诉讼性纠纷，采取联合行动所持续的过程。[②]"龙山经验"是习近平法治思想在基层法治建设中的生动实践，能够从源头预防矛盾、推进矛盾纠纷多元化解决，有助于将矛盾纠纷化解在诉讼外。[③]对诉源治理的理解应着重把握以下两个方面：一是诉源治理的目的在于通过多元路径从源头消除潜在的争议；争议发生后，实质性化解民事争议。二是诉源治理主体也是多元的，诉源治理应当坚持在党委的领导下，有效发挥党委总揽全局、协调各方的核心优势，在法治轨道上统筹各方面力量和各种资源，形成参与诉源治理的合力[④]。

一、龙山法庭的实践

"龙山经验"率先在法院系统萌发，强调要协调公检法司等执法、司法

---

① 参见马磊、王红建：《行政争议诉源治理机制研究》，载《河南财经政法大学学报》2021年第2期。

② 参见郭彦：《内外并举全面深入推进诉源治理》，载《法制日报》2017年1月14日，第7版。

③ 参见吴明军、王梦瑶：《诉源治理机制下法院的功能定位》，载《行政与法》2020年第7期。

④ 参见马磊、王红建：《行政争议诉源治理机制研究》，载《河南财经政法大学学报》2021年第2期。

部门的力量，发挥法治的保障作用，是人民法院（法庭）正确处理司法被动与能动的关系，提供司法参与诉源治理的有效模式：一是人民法院深入参与社会风险的防范控制，主动对接、主动服务，在引领地方法治上发挥着不可或缺的作用；二是人民法院遵循"不告不理"的基本原则，通过指导调解、诉讼等有限的司法活动，把握好司法参与的限度。"龙山经验"最大优势就是发挥了党委的领导核心作用，以党建引领基层治理体制机制创新，通过顶层设计，将基层党组织打造成为矛盾纠纷多元化解的战斗堡垒，增强了各级党员干部的积极性和责任感，进一步降低纠纷成诉率，维护了基层的和谐稳定，从而推动了诉源治理实践的新发展。[①]

（一）强化诉源治理的缘起

强化诉源治理既是对"龙山经验"现有具体实践的检测，又能就"龙山经验"的模式内核、精神特质、价值特征等内涵进行理论与实践层面的研究与凝练，助推"龙山经验"纠纷多元化解共建共治机制的形成与确立，为地方纠纷多元化解共建共治机制立法提供现实的素材。

2013年11月龙山法庭正式恢复设立，一年收案806件，且有继续增长之势。因此，法庭恢复二十世纪七八十年代村干部、乡镇干部冲在一线化解纠纷的传统，让熟悉乡规民约、熟悉社情民意的"乡贤"再次活跃在纠纷的源头。同时，龙山镇党委尝试把辖区内的法庭、检察室、派出所、司法所等单位聚拢到一起，与镇村干部建立临时调解团，专门解决"民间遗留矛盾"纠纷，取得了良好的社会治理效果。[②]2014年，龙山、西溪镇党委政府牵头，联合公检法司劳动等部门成立大调解中心，党委政府将法庭调解纳入综治平台，出台《构建矛盾纠纷多元化解实施意见》《对村（企）矛盾纠纷调处积

---

① 参见蒋晓明、李聂、孙武斌：《"龙山经验"："枫桥经验"新实践》，载《金华日报》2019年9月20日，第A01版。

② 参见蒋晓明、李聂、孙武斌：《"龙山经验"："枫桥经验"新实践》，载《金华日报》2019年9月20日，第A01版。

分奖励办法》等文件，从镇到村，有奖有惩，调解组织从"可调可不调"变成"必须调"，纠纷调解真正作为乡镇综治的重要内容落地生根。截至2022年，人民法庭收案量减少了三分之二，基本形成由基层党委领导，法庭功能前移，各方力量联动，分层过滤调解，把矛盾纠纷化解在基层的"龙山经验"。①而作为先行试点的龙山法庭，其收案量（民商事案件）从2013年的806件，降至2018年的413件，减少了48.76%，再降至2020年的260件（不含对人民调解协议进行司法确认案件），减少了37.05%。

（二）建立矛盾纠纷分层过滤和多级化解体制机制

"龙山经验"成功重塑了新时代基层纠纷解决的新理念、新思维、新方法。其中，最核心的问题是纠纷分级问题，龙山、西溪两镇创造了"分层过滤法"矛盾纠纷多元化解模式，形成网格调解——村、企属地调解——部门调解——镇矛调中心分流以及组织联合调解的诉前化解体系。②"龙山经验"采取的"分层过滤法"主要体现为以下三个层次。（一站式社会矛盾纠纷化解流程见图2-1。）

第一层：网格调解+法律指导。有纠纷，网格员要第一时间发现、介入，想方设法就地调解处理；无法调解的，上报网格小组长，由网格长调处。永康市委通过在全市范围内建立402个"红色网格"，安排5.5万名网格员，结对联系10多万农户，推广"15分钟党员服务圈"，网格员按时"打卡"，切实做到群众有不满情绪必到、有突发事件必到、有矛盾纠纷必到、有喜事丧事必到和村里的困难家庭必访、危重病人家庭必访、空巢老人及留守儿童家庭必访、信访户必访，及时预防和消除人民群众心中的"疙瘩"。③

---

① 参见蒋晓明、李聂、孙武斌：《"龙山经验"："枫桥经验"新实践》，载《金华日报》2019年9月20日，第A01版。

② 蒋晓明、李聂、孙武斌：《"龙山经验"："枫桥经验"新实践》，载《金华日报》2019年9月20日，第A01版。

③ 蒋晓明、李聂、孙武斌：《"龙山经验"："枫桥经验"新实践》，载《金华日报》2019年9月20日，第A01版。

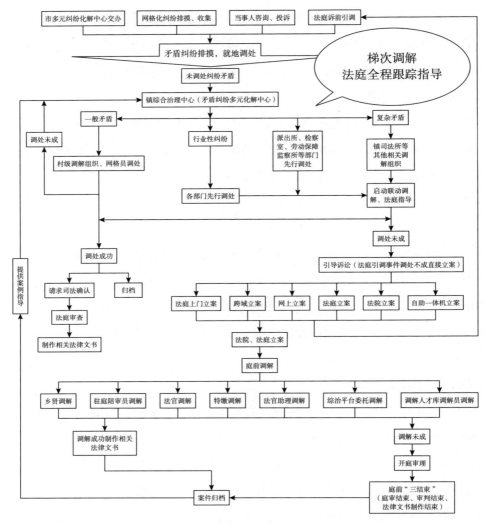

图2-1　一站式社会矛盾纠纷化解流程

　　第二层：镇矛调中心＋法庭服务。永康市委政法委牵头抽调各条线专业人员集中办公，自2017年起，成立市级矛调中心，打造平安永康综合体，整合全市行业、专业、乡村等各类人民调解机构，整合人民调解、司法调解、行政调解和信访调解等各项资源，变纠纷直接成为"调解先行，诉讼断后"，打造递进式、漏斗型的矛盾纠纷分层过滤化解机制，形成"就近受理、分流交办、一揽子解决"的多元联动化解模式。不能就地调处的纠纷，一并进入镇社会治理中心（镇矛调中心），根据纠纷的性质和繁简情况，分流到行业部门、派出所、检察室、劳动保障监察所等部门先行调处。人民法庭在各环节提供法律服务，必要时参与联合调解。2022年，永康法院和社会治理中心联合推动完善了《矛盾纠纷化解分流实施办法》（以下简称《办法》），建立法官主导一窗分流、代表委员监督调解、治理中心跟踪督办的引调闭环。《办法》规定了身份关系确认、涉嫌虚假诉讼或刑事犯罪以及当事人拒绝接受等不列入诉前化解的情形，并且根据纠纷的性质、种类选择相应的镇（街道、区）社会治理中心、调解室、调解组织或调委会进行化解，一定程度上避免了"调审合一"模式的弊端，充分保障案件当事人的调解意愿，避免当事人的自愿性受到裁判权的不当影响，真正保证调解结果的自愿、合法。此外，法院拍摄了"共享法庭""诉前调解"两部专题宣传片，营造当事人主动选择调解的良好氛围。

第三层：法庭调解＋法庭裁判。穷尽调解手段后，属于可诉事项的，引导诉讼。在这一过程中，人民法庭仍运用立案调解等多种手段开展调解。自该项机制实施五年来，总的庭前调解率达80%以上，2022年1—10月，永康法院已开展矛盾纠纷排查576次，调处矛盾纠纷6543件。为避免案件久调不决，变相强迫当事人接受调解方案，调解期限届满时仍未能调解成功的，除非当事人自愿延长调解期限，否则会进入诉讼程序，并继续由诉前分流时智能匹配的法官审理，一方面实现法官与调解员双向互动，另一方面有效提升诉讼效率。商事案件基本实行"三结束"制度，即庭审结束、宣判结束和法律文书制作结束，当庭宣判率在90%以上，尽最大可能高效定分止争。

综上，新时期，永康人民法院不断发展和创新的"龙山经验"就是将纠纷逐层过滤，并化解在基层、化解在萌芽，做到"隐患不出网、纠纷分级调、案件庭前解"，全面增强基层社会综合治理能力。

（三）在线矛盾纠纷多元化解

党的十九大报告提出要打造"共建共治共享"的社会治理格局。习近平总书记也深刻指出："人民对美好生活的向往，就是我们的奋斗目标。"① 为此，永康市在基层社会治理中充分运用互联网、大数据等新技术新手段，打造在线矛盾纠纷多元化解平台、"大数据＋人民调解"模式，不断提升对矛盾纠纷的预防、研判与化解能力，着力提高解决矛盾纠纷的实效。

永康市人民法院结合"最多跑一次"改革，全面深化网上立案、跨域立案等便民服务，将"万人成讼率"纳入综治指标，优化矛盾纠纷统筹分流机制。而龙山法庭率先在矛盾纠纷化解领域中推进"最多跑一次，最好不用跑"改革的有益探索。永康法院利用在线调解新模式，依托在线矛盾纠纷多元化解平台（ODR平台），实现当事人无须到场，通过手机视频即可在线调解。2022年，永康法院全院受理各类案件11899件，网上立案2496件，电子送达法律文书103444份。

（四）强化诉源治理的典型经验

综观龙山法庭丰富的基层诉源治理实践，其主要经验体现为：司法为民，满足人民群众多元司法需求，切实增强人民群众的获得感、幸福感、安全感；保障社会和谐稳定，将争议化解纳入多元纠纷调解基层治理体系，最大限度地把矛盾隐患解决在基层；推进基层综合治理，护航民营经济发展；充实多元调解力量，参与基层治理、巧解难题，发挥好司法所在基层治理中的主力军作用。强化诉源治理是涵盖文明建设、纠纷自净、纠纷诉前化解、纠纷息诉服判等多方面的基层社会治理活动。

1.调诉分层联动处理经验

当前，"龙山经验"已经形成党委领导、政府主导、综治协调、多元共治、社会协同、高效便捷的矛盾纠纷多元化解联合联动的工作格局，形成了资源配置合理、主体职责明确、衔接机制顺畅、社会参与广泛、服务保障有

---

① 公丕祥：《习近平法治思想：马克思主义法治思想中国化的第三次历史性飞跃》，载《法治现代化研究》2021年第1期。

力的机制。

（1）党委牵头合力化解群众纠纷

在乡镇党委、政府的领导下，充分发挥综治机构的协调作用，深化综治工作中心建设，探索综治工作新机制，整合人民调解、司法调解、行政调解和信访调解等多种调解方式和资源优势，形成解决社会矛盾纠纷的整体合力，建立大调解工作格局，把矛盾纠纷解决在萌芽状态，化解在基层，最大限度地消除不和谐因素，维护社会公平正义，保障群众合法权益，促进社会和谐稳定。

案例1：2018年4月，某村村民一纸诉状将某影视传媒公司和村股份经济合作社告上了龙山人民法庭，要求退股。接到诉状后，法庭人员详细阅读了案卷，并向村里、镇里了解了相关的情况，查明如下事实：某影视公司由该村700余户村民投资入股自筹成立，投资金额共计千万余元，出现纠纷后有38位村民要求退股，标的额一百多万元。如果同意村民退股，那么其他村民有可能会效仿要求退股；但如不同意，纠纷无法解决也会影响影视公司的经营发展，处理不当，可能会引发群体性纠纷。法庭深感事关重大，第一时间向镇党委作了汇报。龙山镇党委书记迅速召集法庭、联村干部、村两委干部进行案情研判，并提出了压实责任、研判风险、民主决策三个意见。镇党委统筹协调，专题研判；法庭进行法律指导，判定合同效力；村两委和公司股东召开会议，协调如何在保障公司正常运营的同时尽可能地尊重村民的自主意愿。最终，经过各方人员的协调、努力，双方达成了统一意见，全部入股人退回30%的入股额，其余70%留作继续发展资金，圆满解决了这一系列股权纠纷。

该案表明，乡镇矛盾纠纷化解过程中理应保障企业经营，尊重村民意愿。此类案件不能简单视为股权纠纷案件，若一判了之，随之可能引发系列纠纷和案件。乡镇党委政府、人民法庭和各级调解组织协同配合，通过调解、协商，最终将村民退股事件圆满解决，一定程度上要归功于"党政统筹主导、法庭职能前移、纠纷分级调处"的社会矛盾纠纷多元化解机制的日益完善。

（2）诉讼断后，营造法治环境

当事人就纠纷到人民法庭提起诉讼的，法官立案前可劝导当事人先到镇人民调解委员会进行调解，但若是调解失败或拒绝调解，法庭则应及时依法受理，并根据相关法律规定作出合法合理的判决，通过裁判的引领性和执行的权威性来承担传播先进法治思想、引领社会风尚的责任。

案例2： 2016年12月，朱某将其所在村村委会诉至法院，称村委会砍伐了其种植的一棵树，侵害了其所有权，要求村委会赔偿2万元。村委会表示，村里开展小城镇综合整治创建工作，已按规定多次通知其移除该树，但朱某多次阻拦不予配合。该树种于村集体土地整治范围内，并非名贵树种，朱某也已收取村里支付的200元树钱，遂将该树挖除。龙山法庭查明，树木所在地为村集体土地，伐树是因小城镇建设道路规划所需，原告朱某作为该村村民应予以配合，为小城镇整治、建设美丽家园尽一份力，而不是阻拦相关工作，且当事人对自己提出的主张，亦有责任提供证据，但原告对涉案树木具体损失数额亦未提供相关证据予以证明。遂判定驳回原告诉讼请求，通过依法判决对其进行法律教育，为村委会正常有序开展工作提供了司法保障。

该案表明，在矛盾纠纷多元化解的过程中应注重调解，但对调解无果或确实无法调解的，当判则判，为基层社会治理、乡村振兴提供司法保障，真正体现社会调解优先，法庭诉讼断后。

（3）法庭职能前移与各方力量联动

法庭职能前移与各方力量联动两者之间高效衔接，有助于进一步加快矛盾纠纷的化解，从而达到将矛盾化解在基层的效果，最终保障社会秩序稳定。

案例3： 2014年6月，龙山镇发生了一起因承包工程引起的意外死亡事件。由于吊机故障，当事人被翻倒的吊机砸中了头部，虽然被紧急送医，但由于伤势过重不幸死亡。死者为江西籍，是经过层层转包后在现场干活的工人。事故发生后，死者家属来到龙山，情绪激动，聚集在包工头家里讨要说法。包工头所在村上报给龙山镇综治中心后，龙山镇第一时间启动大联合调解，龙山法庭主动介入，安抚家属情绪，以相似案例引导家属提出合法理性诉求，同时联系死者户籍所在地相关人员。经过多方联系，龙山法庭通过江西宜黄县法院邀请该乡镇副书记、司法所所长、死者所在村村支书和法律工作者等参与此次纠纷调解。经过多次连续地召开碰头会，在两地调解组织的共同努力下，最终做通了各方思想工作，由包工头陈某一次性赔偿死者家属相关款项，款项全部现场交付，该纠纷得以妥善调处。

该案充分体现了人民法庭在社会矛盾纠纷化解中所起到的居中协调，实现多方力量有效联动的积极作用。西方传统司法理论强调，法院作为居中裁断者应当独立行使审判权。但在现实中，有些矛盾纠纷的妥善化解不仅需要法院专业的法律知识服务，还需要其他社会力量的积极配合。法庭通过诉前调解的方式提前介入矛盾纠纷化解的过程，避免了案件进入司法程序后法院审判权行使的制度限制，实现了"法庭功能前移"与"各方力量联动"两者的规范统合。在基层社会治理中，法庭作为一个矛盾纠纷化解的重要机构，有着相当的专业性、权威性，由法庭牵头基层法律工作者、村民自治组织等社会力量进行案件调解，能够有效地达成各方共识，并能很好地使当事人认识到调解方案的合法性与合理性，最终实现定分止争。

2022年永康市90%以上矛盾纠纷在乡镇街道一级化解，市级矛调中心诉前化解率62.6%；全市万人成讼率降至53.3件/万人，同比下降26%；一审民商事案件收案量从峰值2014年的11040件，持续下降至2022年的6372件，降幅达42.28%。

2.多元主体参与解纷经验

"龙山经验"以综治中心为重要平台，联合公安、检察、法院、司法、工商、土管等有关部门成立矛调中心，本着相互协调、相互配合、明确职责、分工协作的原则，采用联合调解、指定调解、委托调解、邀请调解等方式积极开展矛盾纠纷调处工作。同时以镇法律援助中心为主力军，成立司法救助机构，针对少年、妇女、老年人、残疾人等困难群体，积极开展引导劝导、调处帮教、法律援助、协助执行等一系列工作，开通与法院、司法等部门联系的劝导、调处、诉讼、执行等"一条龙"的"绿色通道"，以维护人民群众的合法权益，促进社会和谐稳定。

农村是"熟人"社会，龙山法庭因地制宜建立起"一库一网"。"一库"是由"两代表一委员"、镇调解员、村两委干部、在农村有威信的乡贤组成的调解员人才库。首先是考虑到法院审判人员年轻化趋势明显，虽然法律知识深厚，但社会阅历浅，缺乏调解能力，所以建立调解人才库有利于解决年轻审判人员调解能力有限的问题；其次是考虑到调解库人员能及时到调解能力比较薄弱的村协助调解工作开展；最后是考虑到调解库人员可以起到村调解模范带头作用，以点带面，调动民间调解人员的积极性。"一网"是指在送达案件文书时，邀请或委托当事人所在村的村干部全程参与文件的送达及案件调解工作，逐渐建立起一支信息收集及法律文书送达网络，解决送达难的问题，同时及时掌握案件相关信息（如原告、被告情况等），为解决纠纷及时提供信息。

（1）网格员参与调解

2017年以来，龙山法庭依托"党建+"活动，迅速推行纠纷调处网格化模式，指导辅助辖区村镇在全市率先完成了网格化的部署。网格员的选任采用"三就"原则，即"就近、就亲、就便"，实现了网格员对农户的全方位管理；实行党员联户包干，提供全面快捷的纠纷信息收集及应对机制。同时，龙山法庭利用农村党员星级评定工作，对于诉前主动发现并调解纠纷及当事人起诉到法院后协助法院送达、调解等工作的党员，书面建议其所在党支部给予加分，充分调动党员参与纠纷化解的积极性，出现了农村党员主动联系法庭要求协助法庭工作的局面。龙山法庭将法院"三大机制"建设与政府"四个平台"中的综治平台相互融合，为委托调解、指导调解提供了快捷平台。2017年至2021年网格员诉前调解纠纷750余起，协助法庭送达480余次，基本实现了"隐患不出格，小事不出村，大事不出镇，矛盾不上交"。在"网格化管理、组团式服务"的过程中，法庭与党建网格员们一起，形成了"网格调解——镇矛调中心分流调解——法庭调解"的递进式调解体系，有效地助推了基层矛盾纠纷化解。

案例4：龙山镇某村的朱某胜与朱某明是亲兄弟，也是邻居。2020年7月9日，朱某胜修建房屋时与朱某明发生争议，朱某明房屋的钢棚及屋面被朱某胜损坏。双方素有矛盾，此次事件导致矛盾激化，无法自行和解。朱某胜与朱某明发生纠纷后，村网格员发挥生活在群众之中对群众纠纷反应灵敏的优势，及时发现矛盾，立即采取防范措施，防止矛盾进一步扩大，站好解决矛盾纠纷的第一班岗。在网格员无法完全化解纠纷后，村主职干部积极参与调解，调查事情的来龙去脉，厘清纠纷双方的具体需求，为之评理、说事，为矛盾纠纷的最后解决打下坚实基础。此次纠纷中，双方在房屋的高度、前后屋檐的高度以及双方共有的明堂归属等问题上有较大争议。矛调中心最后介入调解，在前期调解工作的基础上，同时发挥自身专业知识的优势，进一步开展调解，鉴于案件的特点，调解员没有把调解停留在纠纷的直接起因上，而是在解决屋面损坏的赔偿问题基础上，把上述争议一并进行解决，将矛盾纠纷彻底化解。就屋面损坏的赔偿问题，分析双方责任，通过协商达成赔偿金额共识。就共有明堂的归属问题，本着公平正义的原则，协调双方以房屋墙壁的中线为界进行分割，得到了双方的认可。在房屋高度的问题上，通过耐心引导不断平衡矛盾双方的诉求。最终，矛盾双方在损害赔偿、明堂归属、房屋高度等争议问题上都达成了一致意见，签订了调解协议，朱某胜按约支付了赔偿金。

农村邻里纠纷常常因小事而起，随着事件的发展可能演化为较为激烈的纠纷。应对此类纠纷应充分发挥基层网格作用，做到早发现、早介入、早化解，将纠纷化解于萌芽阶段。矛盾纠纷要全方位深入调解，以彻底解决纠纷为目标，达到系统治理的效果。首先，分层调解，发挥多方力量。其次，在网格员无法完全化解纠纷时，村主职干部应积极参与调解。最后，矛调中心介入调解，在前期调解工作的基础上，进一步开展调解。这正是对"分层过滤调解"的彰显与运用。

（2）老信访户变成调解员

案例5：2006年，某村村民贾某认为自家责任田被村里强占建成了公厕，与村委会发生纠纷，多次信访。龙山法庭2013年恢复设立后，这起案件根据属地原则由龙山法庭承办。面对这起陈年积案，法庭并没有一判了之，而是用春风化雨般的耐心，与镇级调解组织一起劝解这名老信访户。在调解过程中，法庭了解到贾某并非蛮横无理之人，之所以信访，是因为觉得受了委屈，得不到尊重。法庭通过一步步接触、交流，慢慢解开了这名老人的心结。最终，纠纷圆满解决。转变之后的贾某，还利用自己在解纷过程中积累的经验，协助法庭调解，成了法庭调解人才库中的一员。

老信访户变身调解员，看似偶然，但其实也是必然。最大限度地吸纳、网罗各方人才参与调解，一直是法庭在走访、指导调解过程中坚持在做的事情。

二、诉源治理的拓展

习近平法治思想科学地把握了法治现象的精髓要义，法律是什么？最形象的说法就是准绳。用法律的准绳去衡量、规范、引导社会生活，这就是法治。[1]习近平法治思想对社会治理的认识在不断深化，实践探索也在不断推进，诉源治理是国家在推进社会治理现代化过程中的良好成果。2019年1月，为"依法保障胜诉当事人及时实现权益"等，中央全面深化改革委员会第六次会议审议通过了《关于政法领域全面深化改革的实施意见》；同年2月，诉源治理被最高人民法院明确列为今后五年人民法院一项非常重要的改革任务；[2]同年7月31日，最高人民法院指出要"主动融入党委和政府领导的诉源

---

[1]　公丕祥：《习近平法治思想：马克思主义法治思想中国化的第三次历史性飞跃》，载《法治现代化研究》2021年第1期。

[2]　参见《最高人民法院关于深化人民法院司法体制综合配套改革的意见——人民法院第五个五年改革纲要（2019—2023）》。

治理机制建设"①。基于以上诉源治理改革方案对人民法院案多人少矛盾的缓解作用以及中央积极肯定的立场,诉源治理成为当下众多地方人民法院乃至全国法院纷纷探索的改革方向,"诉源治理"一时间也成为当下不少人民法院文件、工作报告中的热点高频词汇②。

（一）诉源治理的时代背景

社会治理现代化既是国家治理现代化的重要支柱,也是国家治理现代化的坚实基础。在当前司法改革活动中,以"源头预防为先,非诉机制挺前,人民法院裁判终局"为核心特征的诉源治理,为探索基层社会治理实践积累了经验,更为顶层设计提供了脚本。诉源治理所要实现的"将矛盾消解于未然,将风险化解于无形",正是新时代推进基层社会治理体系和治理能力现代化的题中应有之义。

因此,建立和完善诉源治理机制也是推进国家治理体系和治理能力现代化的重要路径。具体而言,一方面,诉源治理机制的建构有利于缓解法院案多人少的矛盾,提高审判质效,促进法院实质性化解争议;另一方面,诉源治理机制能够促进诉源治理的各参与方对争议产生的根源进行内省反思,从而提高运用法治思维和法治方式解决问题的能力。

（二）诉源治理的主要内容

通常来讲,诉源治理的内涵有狭义和广义之分。狭义的诉源治理是指诉讼之外的纠纷实质化解。广义的诉源治理既包含诉讼之外的纠纷实质化解,也包含诉讼之内的纠纷实质化解。③所谓"诉"是指人民法院的诉讼案

---

① 参见《最高人民法院关于建设一站式多元解纷机制一站式诉讼服务中心的意见》。

② 周苏湘:《法院诉源治理的异化风险与预防——基于功能主义的研究视域》,载《华中科技大学学报（社会科学版）》2020年第1期。

③ 钟明亮:《法院在诉源治理中的角色定位及完善》,载《人民法院报》2020年1月9日,第8版。

件，"源"是指纠纷产生的根源、来源。所谓"诉源治理"就是将诉讼案件从源头上化解，包括诉讼外部的化解和诉讼内部的化解。本书所述"诉源治理"均采纳广义的诉源治理，即包括源头预防、非诉解决、法院裁判三个维度。

诉源治理的主要内容分为四个层面：一是从深化社会基层治理的层面，依靠党委政府，调动基层组织和群众力量，推进基层善治，避免和减少纠纷的发生；二是从及时调和矛盾纠纷的层面，构筑科学合理的解纷防线，促使纠纷通过前端防线有效解决和过滤；三是从减少纠纷进入诉讼的层面，通过完善"诉非衔接"程序，引导适宜通过非诉方式解决的纠纷在诉前向诉外分流；四是从诉讼解纷的层面，构建一个梯度性的案源治理机制，优质高效化解已经形成诉讼的纠纷，有效减少二审、执行、涉诉信访等诉内"衍生案件"。①

从诉源治理的理论和实践来看，诉源治理的实现主要有三重进路：一是在基层治理上避免、减少纠纷的发生；二是避免已出现的纠纷形成诉讼；三是通过诉非衔接渠道化解已经形成诉讼的纠纷。②具体到"龙山经验"：第一，坚持党建引领，完善齐抓共管格局；第二，坚持数字赋能，健全一网通调体系，坚持调解优先，提升司法兜底化解能力；第三，坚持源头治理，预防和减少矛盾纠纷；第四，坚持深入开展"大家访、大代办、大接访、大化解"活动，通过"一中心四平台一网格"全方位发现、收集矛盾纠纷；第五，坚持"领导包案+专班推进"，在发现问题、解决问题的过程中提升社会治理水平，进一步推动"龙山经验"发挥更大作用。

（三）诉源治理中的辩证关系

推行诉源治理是习近平法治思想在基层社会治理中的工作要旨，也是推进国家社会治理体系和治理能力现代化的一项重要举措，其最终目的就是从

---

① 四川省成都市中级人民法院课题组、郭彦：《内外共治：成都法院推进"诉源治理"的新路径》，载《法律适用》2019年第19期。

② 晨迪：《"诉源治理"走向全国》，载《成都日报》2018年12月27日，第6版。

源头上预防矛盾、推进矛盾纠纷多元化解，并将矛盾纠纷化解在诉讼外。对于纠纷，国家不仅要提供一整套多元化、立体式的纠纷化解途径和体系，而且应关注纠纷更深层次的诉源治理问题。[1]在推进基层诉源治理时必须明确如下几对辩证关系，以此指导具体工作有序开展。

1. 党的领导、人民当家作主、依法治国之关系

党的十八大以来，习近平总书记在一系列重要讲话中系统阐述了党的领导与依法治国的关系。党的领导是中国特色社会主义法治之魂，是我们的法治同西方资本主义国家的法治最大的区别。党的领导和依法治国是统一的，社会主义法治必须坚持党的领导，党的领导必须依靠社会主义法治。[2]同时，推进新时代的全面依法治国，实现国家治理现代化，必须全面贯彻以人民为中心的发展思想，使之成为全面依法治国、建设法治中国的基本价值准则。这就要求人民法院牢牢坚持党的绝对领导，坚持党的领导、人民当家作主、依法治国有机统一，运用法治思维和法治手段巩固党的执政地位，保障人民当家作主，保证党和国家长治久安。

首先，坚持在党委的领导下，有效发挥党委总揽全局、协调各方的核心优势，在法治轨道上统筹各方面力量和各种资源，形成参与诉源治理的合力。[3]党的领导是中国特色社会主义最本质的特征，把党的领导贯彻到依法治国全过程和各方面，是我国社会主义法治建设的一条基本经验，也是政党和法治关系的要害所在。这就要求人民法院深刻理解三个"本质上"的重要论述[4]，坚持

---

① 参见胡仕浩：《多元化纠纷解决机制的"中国方案"》，载《中国应用法学》2017年第3期。

② 参见周强：《在习近平法治思想指引下 沿着中国特色社会主义法治道路奋勇前进》，载《求是》2021年第5期。

③ 薛永毅：《"诉源治理"的三维解读》，载《人民法院报》2019年8月11日，第2版。

④ 即"我们要坚持的中国特色社会主义法治道路，本质上是中国特色社会主义道路在法治领域的具体体现；我们要发展的中国特色社会主义法治理论，本质上是中国特色社会主义理论体系在法治问题上的理论成果；我们要建设的中国特色社会主义法治体系，本质上是中国特色社会主义制度的法律表现形式"。参见《习近平：领导干部要做尊法学法守法用法的模范 带动全党全国共同全面推进依法治国》，载《人民日报》2015年2月3日，第1版。

通过法定程序把党的主张转化为正确的司法理念和司法政策，推动党中央决策部署在司法工作中得到贯彻落实，确保党中央政令畅通、令行禁止。诉源治理的本质在于全面贯彻落实宪法法律和党内法规精神，即一方面保障宪法法律在基层得到有效的实施，另一方面保障《中国共产党章程》《中国共产党政法工作条例》等党内法规制度体系在基层得到有效落实。事实上，诉源治理是党委和政府领导下的社会治理机制，绝不是人民法院一家就可以实现的事情。其中，完善党委领导、政府主导、法治保障的诉源治理工作机制是根本保障，提高各级干部运用法治思维和法治方法推动发展、化解矛盾的能力是有效途径，促进全社会形成办事依法、遇事找法、解决问题用法是必然要求。[①]

其次，坚持人民主体地位，恪守人民性这一习近平法治思想最鲜明的品格，把保障人民当家作主的根本要求落实到国家政治生活和社会生活之中。[②]党的十九大提出坚持以人民为中心的发展理念，评价司法改革的效果离不开人民的感受，以人民为中心是习近平法治思想的核心要义之一。在推进诉源治理实质化工作中，要始终坚持人民主体地位，做到诉源治理为了人民、依靠人民、造福人民。[③]充分调动人民群众投身全面依法治国实践的积极性和主动性，保证人民群众通过多种途径、机制和方式有序参与国家和社会事务，参与法治建设和法治改革事业，从而成为全面依法治国的主体和力量源泉。作为"龙山经验"发源地的永康，进一步探索创新，不断健全完善工作机制，加快推进基层社会治理现代化，持续提升群众的获得感、幸福感、安全感。

最后，坚持基层法治工作向纠纷源头防控延伸。人民法庭发挥着参与、推动、规范和保障的重要作用。一方面，人民法庭主动做好与党委政府加强城乡村社治理、建设公共法律服务体系、创建"无讼村（社区）"等工作对

---

① 薛永毅：《"诉源治理"的三维解读》，载《人民法院报》2019年8月11日，第2版。

② 公丕祥：《习近平法治思想：马克思主义法治思想中国化的第三次历史性飞跃》，载《法治现代化研究》2021年第1期。

③ 魏东：《推进诉源治理 提升国家善治》，载《人民法院报》2019年11月11日，第2版。

接，主动参与培育城乡诉源治理自治力量，支持将"万人成讼率"等诉源治理的重要指标纳入地方平安建设考核体系。另一方面，通过履行司法建议职能、编发审判白皮书、强化对司法大数据的分析研判，做到既在"点上"促进有关部门科学决策、规范行为、消除隐患、改进工作，又在"面上"为党委政府科学决策提供参考，提前防控和化解重大矛盾风险。[①]

2.法治国家、法治政府、法治社会之关系

法治国家、法治政府、法治社会三者各有侧重、相辅相成，是建设法治中国的三根支柱，缺少任何一个，全面依法治国的总目标就无法实现。法治国家是目标。全面推进依法治国，总目标是建设中国特色社会主义法治体系，建设社会主义法治国家。法治政府建设是推进全面依法治国的重点任务和主体工程，要率先突破。法治社会是构筑法治国家的基础，也是"龙山经验"实践的侧重点。全面推进依法治国需要全社会共同参与。建设信仰法治、公平正义、保障权利、守法诚信、充满活力、和谐有序的社会主义法治社会，是增强人民群众获得感、幸福感、安全感的重要举措。[②]

"法治社会建设是法治国家建设的基础工程，唯有绝大多数人守法才可能建成法治国家。社会治理法治化是社会治理现代化的重要方面，也是法治社会建设的题中应有之义。推进法治社会建设，要坚持依靠法治解决各种社会矛盾和问题，提高社会治理法治化水平，确保我国社会在深刻变革中既生机勃勃又井然有序。"[③]在新的历史时期，基层社会治理法治化最基本的含义，无疑是"践行规则的社会治理"。而人民法院司法裁判的最大意义，就在于它不仅要面对过去，实现定分止争，更要面向未来，通过一个个鲜

---

① 杨凯：《人民法庭高质量发展的公共法律服务体系建构——以基层社会治理的中国式法治现代化建设路径为视角》，载《中国应用法学》2022年第6期。

② 参见《习近平法治思想概论》编写组编：《习近平法治思想概论》，高等教育出版社2021年版，第177—178页。

③ 《习近平法治思想概论》编写组编：《习近平法治思想概论》，高等教育出版社2021年版，第185页。

活的司法个案旗帜鲜明地告诉社会，法律提倡什么、否定什么、保护什么、制裁什么，从而发挥司法审判的规范、指引、评价和引领作用。①正所谓，"一个鲜活的案例胜过一沓文件"，进一步加强裁判文书说理，完善案例指导制度，通过司法裁判培育和增强人民群众的法治意识、规则意识，引导人民群众信仰法律，尊重法律和司法权威；继续以习近平新时代中国特色社会主义思想为指引，积极围绕推进社会治理体系和治理能力现代化建设的具体要求，加快治理的模式转变，促进社会治理体系和治理能力现代化。诉源治理是以政府治理现代化来带动社会治理现代化的经验，也是与我国法治建设高度关联的经验。

3.自治、法治、德治之关系

所谓"三治融合"是指自治、德治、法治相结合，三治融合既是一种乡村治理体系和治理理念，②也是一种党组织的领导体制和工作机制，③还是一种现代基层社会治理机制。④其在提升社会治理水平中发挥着不可替代的作用。"三治融合"不仅是"良政善治"对推进基层社会治理体系和治理能力现代化的客观要求，而且是中国之治的道路、制度、文化理论及其实践在基层社区治理体系构建与治理能力全面提升过程中合乎逻辑的表达与样态。"三治融合"内在逻辑关系是："自治"是激发基层社会治理的内生力，"法治"是增强基层在提升社会治理水平中发挥不可替代作用的社会治理硬实力，"德治"是提升基层社会治理软实力的内在逻辑、实践逻辑及运行逻辑的现实表

---

① 薛永毅：《"诉源治理"的三维解读》，载《人民法院报》2019年8月11日，第2版。

② 党的十九大报告提出"加强农村基层基础工作，健全自治、法治、德治相结合的乡村治理体系"，《中共中央 国务院关于实施乡村振兴战略的意见》提出"坚持自治、法治、德治相结合，确保乡村社会充满活力、和谐有序"，《最高人民法院关于为实施乡村振兴战略提供司法服务和保障的意见》提出"树立自治法治德治相结合理念，推动乡村治理体系和治理能力现代化"。

③ 《中共中央 国务院关于坚持农业农村优先发展做好"三农"工作的若干意见》提出"建立健全党组织领导的自治、法治、德治相结合的领导体制和工作机制"。

④ 《民政部、中央组织部、中央政法委、中央文明办、司法部、农业农村部、全国妇联关于做好村规民约和居民公约工作的指导意见》提出"推动健全党组织领导下自治、法治、德治相结合的现代基层社会治理机制"。

达。各地方在习近平法治思想的指引下不断创新自治、法治、德治相结合的治理体系，目的是在新的基层社会结构、经济社会发展状况、公共事务需求、民众民主素养所构成的社会生态系统下，激活治理主体的协同力、机制融合力，以便更有效实现诉源治理目标。党的十九大报告提出实施乡村振兴战略，其题中应有之义就是"加强基层基础工作，健全自治、法治、德治相结合的基层治理体系"①。也可以说是自治、法治、德治相辅相成，不可割裂。尽管司法裁判是各种纠纷化解的最后一道防线，但它决不能演变成纠纷解决的第一道关口，更不能成为破除纠纷、消弭冲突的唯一渠道。司法审判作为纠纷解决的路径和方法固然不可或缺，但司法审判之外的纠纷解决途径和方法也同样不可或缺，在纠纷解决领域，只有诉讼内化解与诉讼外化解双重机制并举并重，才能变社会管理为社会治理，才能使法制变为法治，才能使人民当家作主的社会自治进一步落到实处。推进三治融合，才能切实提升基层社会治理水平，才能更好地维护人民群众的合法权益，让人民群众有更多的获得感和幸福感。

总之，社会稳定是社会进步和发展的基础，是社会生产正常运行的必要条件，是国家得以强盛的前提。社会稳定与社会治理效果具有高度耦合的正相关性，社会稳定是社会治理的目标之一，良好的社会治理能促进社会稳定；同时，稳定的社会秩序又有利于社会治理的实现。"三治融合"可成为化解社会风险的新路径，实现政府、基层群众自治组织、社会组织和社会公众多元主体协同参与，从而建立社会稳定风险治理的规则和秩序。

当代中国法治发展的运动样式，集中表现为政府推动与社会演进内在结合、自上而下与自下而上有机互动的固有逻辑，是中国社会内生演化、渐进发展的历史产物，凝结着法治发展进程中"历史合力"的深厚动能。②诉源

---

① 郭剑平：《乡村治理背景下村规民约民事司法适用的理论诠释与优化路径》，载《西南民族大学学报（人文社会科学版）》2020年第8期。

② 公丕祥：《习近平法治思想：马克思主义法治思想中国化的第三次历史性飞跃》，载《法治现代化研究》2021年第1期。

治理是社会治理的一个重要组成部分，单从"社会"或者"治理"这两个词来看，社会是相对于国家而言，治理是相对于统治而言，从国家走向社会，从统治走向治理，意味着迈出了历史性的步伐。从国家统治走向社会治理，更加重视人的现代化，更加重视以人为本精神的传承和发扬。在遵守法律秩序的同时，更要尊重人民群众和一线干部创造出来的智慧。

第二节 "龙山经验"与基层解纷机制变革

随着改革开放进程的推进，中国社会已深度嵌入世界经济结构，全球化的生产和贸易体系带动整个中国社会的基本结构形态发生了质的变化，其外部表现包括大规模的人口流动、城市化的迅猛发展、社会交往的深度复杂化、生活方式的根本改变等①。我国社会生产力水平总体上显著提高，社会生产能力在很多方面进入世界前列，更加突出的问题是发展不平衡不充分，这已经成为满足人民日益增长的美好生活需要的主要制约因素。由此，党和国家提出社会治理水平提升和社会治理创新，就是中国社会发展到新阶段的必然要求。

一、基层解纷机制变革的时代背景

随着当前我国经济的快速发展，社会也在发生重大变化。无论是民众对基层纠纷化解的要求，还是司法自身的改革需要，都处于各地经济不断发展的历史大背景下。经济发展影响了社会的发展，也使得基层内部的纠纷发生变化。

（一）当代社会环境的重大变化

社会资源配置方式的重大变革，从根本上改变了国家与社会成员之间的关系，计划经济时代的管控型社会管理体制失去了最重要的体制支撑。随着

---

① 庞正：《法治社会和社会治理：理论定位与关系厘清》，载《江海学刊》2019年第5期。

市场化改革的深入，社会利益实现方式的多元化使社会成员在生存和发展上逐步摆脱了对国家和单位组织的依附，成为具有独立意义和自主意志的社会行为主体。从微观层面来讲，市场化改革及其带动的社会变革最深刻的意义莫过于社会个体行为逻辑的重塑。

首先，社会结构和社会组织形式发生了深刻变化，单位组织承载的行政和政治功能逐步弱化，以传统的单位组织为基本载体的社会管理模式逐渐失灵。在农村，改革开放使亿万农民获得了生产经营和社会流动的自主权。在城市，随着住房自有化、就业市场化、社保社会化的深入变革，体制内单位组织对社会成员的控制能力大大弱化。与此同时，体制外的"新经济组织"和"新社会组织"大量涌现，也使越来越多的社会成员脱离了单位体制的控制。这些都使得传统的国家借助单位组织控制其成员的管理模式失去了原有的效用。

其次，随着社会结构的开放性和社会群体流动性的日益增强，以及社会价值观念的多元化和信息传播的立体化，传统的封闭式社会管理模式变得难以为继。市场化进程中社会大流动的开放性格局，导致国家无法借助以往的城乡分割以及户籍管理体制对社会秩序进行网格化管理。市场的扩展，社会多层次、全方位的开放，必然带来各种社会资源和生产要素在更大的范围内自由流动和合理配置，带来社会成员日益频繁的机械流动和有机流动。每年数以亿计的流动人口，就足以令许多地方政府措手不及。原先依赖严密的户籍制度实施管理与服务的模式，如社会保障、义务教育等，受到了严峻的挑战。

最后，随着社会的日益进步和知识的迅速增加，社会治理精细化程度的加深以及人类控制和掌握各种技术能力的提高，社会面临的不确定因素也逐渐增多，人们对现在、未来的不安全感越来越强烈，即在人民从生存型需求转向发展型需求的过程中，人民对物质与精神生活水平的期望在不断提高，这就要求基层社会治理水平必须在动态中提升。人民不断增长、不断上升、形态多样的需要反映的是社会的进步和发展水平的提高，具有客观性和成长性。人民对美好生活的需要日益广泛，除了物质文化生活以外，在民主、法治、公平、正义、安全、环境等方面的需要也日益增长。这对新时代的国家治理体系和治理能力现代化提出了新的要求。

（二）基层治理体系的深刻变革

党的十八届三中全会提出创新社会治理体制。从社会管理到社会治理，虽只有一字之差，体现的却是治理理念、治理体系等的深刻转变。在治理理念上，体现了党领导下多方参与、共同治理的理念；在治理方式上，从单向管理转向多方良性互动。习近平总书记指出，"十四五"时期，要在加强基层基础工作、提高基层治理能力上下更大功夫。[①]新征程上，我国基层治理既面临难得机遇，也要应对基层治理力量聚合不充分、基层基础建设待夯实、风险隐患增多等的严峻挑战。

1.基层治理力量亟待充分聚合

当前人民内部矛盾纠纷日益增多，国家维护社会稳定的压力也越来越大。由于基层政权内设部门分工细致、人员分散，大多数矛盾和问题依靠一两个部门的"单打独斗"难以得到有效解决。此外，基层管理体制中的"条块分割"态势明显。"条"与"块"的矛盾，核心在于资源配置权力的纵向化与社会治理责任的横向化所导致的二元治理结构上的不平衡，"块"的重心在执行，"条"的重心在监督。这使得政府在行使行政管理职权时权力碎片化、分散化、低效率化。所以，在横向关系上，要增强政府社会治理的整体能力，必须把社会治理工作上升为全局工作。

2.基层建设基础亟待有力夯实

随着城市化进程的不断加速，基层政权的功能不断拓展，传统基层管理体制和基层建设需求之间的矛盾日益突出，严重制约了基层建设的可持续发展，主要表现在以下几个方面。一是基层党组织的领导核心地位与资源整

---

① 《习近平在基层代表座谈会上的讲话》，载《人民日报》2020年9月20日，第2版。

合能力不足的矛盾。社区、村级党组织是整合区域内包括党组织、政府、社会、市场资源在内的各种资源的关键力量。在传统的乡村管理体制中，基层党组织的工作局限于村委会、居委会层面，组织设置单一，工作方式简单，工作领域狭窄，总揽全局协调各方的能力、管理服务能力、群众工作能力以及整合资源能力明显不足。二是基层群众日益增长的民生利益诉求与基层服务能力不足的矛盾。近年来，随着城市化步伐的加快，基层建设已经从单纯的农村或城市社区逐步演化到老旧城市社区、新建住宅小区、村转居过渡型社区、外来务工人员聚居型城中村和部分待拆迁建制村等各类居住区并存的复杂局面，不同村、社区居住着不同类型的村民、居民，其民生利益诉求呈现出多元化、专业化、优质化倾向。在传统基层管理体制下，由社区（村）管理和服务中人权、事权、费权不统一而造成的矛盾日益突出，社区（村）资源匮乏，服务能力薄弱，难以满足群众不断增强的物质文化需求。三是基层群众自治的本质要求与社区（村）"类行政化"倾向的矛盾。随着经济发展与社会进步的加快，人民群众参与管理的民主诉求不断增长，但在传统行政管理体制下，村委会、居委会作为基层群众性自治组织，却承担了大量的行政性事务，一定程度上已经成为"类行政化"组织，而其组织群众开展自我管理、自我教育、自我监督、自我服务的法定职能却逐渐弱化，基层建设缺乏活力与后劲。四是公共服务职能向社区（村）转移与社区（村）控制力弱的矛盾。多头管理使各种下移资源难以在社区（村）层面实现有效整合与科学配置，公共事务的标准化运作、标准化服务、标准化考核在社区（村）难以实现，严重制约了社区（村）管理服务的优质化和绩效的最大化，影响了社区（村）整体功能的有效发挥。

此外，随着经济的发展和利益的多元化，以利益矛盾为核心的各种社会矛盾大量向基层积聚，许多突出矛盾和群体性事件的苗头首先出现在社区（村），社区（村）成为维护社会稳定、化解社会矛盾的第一线。在传统的基层管理体制下，由于群众主体作用发挥不足，群众工作的针对性和有效性不足，社区（村）利益协调和化解矛盾能力不足，使社区（村）从源头上及时发现、预防和消除各种不稳定因素的工作受到制约。

3.网络时代治理难度亟待破解

在传统的社会条件下，不同地域、行业的社会群体之间往往是物理隔断的，难以实现大范围的沟通，因而社会情绪的传染烈度较低。但在网络时代，局部冲突易被放大，社会矛盾交织难辨，社会情绪加速感染。网络在成为社会治理新工具的同时，也成为社会治理的难点。当前，网络虚拟社会的失范现象不断增加，可分为两类：一是制度性失范，即没有规范或已有的规范失效；二是行为性失范，就是不遵从规范或超越规范而为之的社会失范。这些网络虚拟社会的失范行为严重扰乱了网络社会秩序，破坏社会稳定，并对现有社会治理格局形成了巨大的挑战，给基层社会治理带来的压力更加明显，具体表现为：一是基层社会管理手段较为陈旧，网络时代信息科技的普及和传媒形态的多样化，使得拖延、隐瞒、封网等以往惯常的信息控制方法失效；二是行政措施欠规范，目前中国针对网络社会的治理准则和法律规范尚不完善，很多领域甚至处于一种无法可依的状态，政府监管、行业号召、网民自律的管理格局在基层尚处于起步状态；三是技术准备不足，管制盲区大量存在，严重制约了管制效果。上述情况导致网络社会矛盾纠纷调处化解难度较大。

二、基层解纷机制变革的理论基础

党的二十大报告要求"完善正确处理新形势下人民内部矛盾机制"。新形势下基层解纷机制变革的理论基础可以从以下几个方面把握。

（一）以人民为中心的法治发展思想

"民惟邦本，本固邦宁"，是中华传统文化中民本思想的精髓，人民群众是国家的根本，人民安居乐业国家才能长治久安。党的十八大以来，习近平总书记对"以人为本"思想、"人民主体"思想做了进一步发展，将其明确为"以人民为中心的发展思想"，把增进人民福祉、促进人的全面发展作为一切工作的出发点和落脚点，发展人民民主，维护社会公平正义，保障人民平等参与、平等发展的权利，充分调动人民的积极性、主动性、创造性。"以人民为中心"的发展思想在社会治理领域的贯彻，主要表现在以下五个方面：一是坚持人民群众是社会治理主体；二是充分相信群众、依靠群众；三是坚持基层民主自治理念；四是以满足人民群众需求为导向，更加突出民生保障源头治理；五是切实保障人民群众的基本权利。

党的十九大报告以新的高度强调了坚持以人民为中心，进一步要求党要与群众始终保持血肉联系，最重要的是要始终能够在第一时间倾听和了解广大群众的呼声、诉求，及时回应、真心有效地服务。"以人民为中心"是基层矛盾纠纷化解机制的出发点和落脚点，畅通和规范群众诉求表达、利益协调、权益保障渠道，让群众有切实的"找个说法"的地方，是机制变革的基本目标。具体而言，基层矛盾纠纷化解机制为人民服务可以从两个维度进行考虑：一是树立"全周期"服务理念，围绕"生老病死"的生命周期中可能产生的各类矛盾纠纷进行全面调处化解；二是树立"全链条"服务理念，围绕"衣食住行"等民生利益需求可能引发的各类矛盾纠纷进行全面调处化解。

（二）现代治理理论的基本内容要求

作为人类的一种基本政治活动，治理存在于古今中外的每一个国家之中；然而作为政治学的一个重要概念，治理则是全球化时代的产物。治理有别于统治，它指的是政府组织和（或）民间组织在一个既定的范围内运用公共权威管理社会政治事务，维护社会公共秩序，满足公众需要的活动。国家治理体系和治理能力现代化是一种全新的政治理念，表明中国共产党对社会政治发展规律有了新的认识，是马克思主义国家理论的重要创新，也是中国共产党自身执政经验的一个理论概括。[1]

---

[1] 参见俞可平：《中国的治理改革（1978—2018）》，载《武汉大学学报（哲学社会科学版）》2018年第3期。

基层治理是国家治理的基石，统筹推进乡镇（街道）和城乡社区治理，是实现国家治理体系和治理能力现代化的基础工程。加强基层治理体系和治理能力现代化建设，要坚持党对基层治理的全面领导，把党的领导贯穿于基层治理的全过程、各方面。坚持全周期管理理念，强化系统治理、依法治理、综合治理、源头治理。坚持因地制宜，分类指导、分层推进、分步实施，向基层放权赋能，减轻基层负担。坚持共建共治共享，建设人人有责、人人尽责、人人享有的基层治理共同体。具体而言：

一是党的领导作用不断加强，凝聚各方形成合力。党的基层组织在基层治理中发挥着引领带动、统筹协调等作用。在党组织的领导下，基层政府、基层群众性自治组织各负其责、各司其职又相互配合、相互协同，发挥各自作用，激发出共建共治共享的合力和活力。

二是完善矛盾化解新机制，快速处置能力得到提升。基层是经济社会发展和民生矛盾问题的易发多发地，只有把矛盾和问题化解在基层，才能为整个社会的和谐稳定奠定坚实基础。推行网格化管理，建立人民调解中心，发挥乡贤作用，社区组织介入物业管理等有益探索，通过完善和创新矛盾化解机制和方式，使得群众表达诉求、协调利益、保障权益的渠道更加畅通和规范，基层社会有效处理矛盾和问题的能力得到提升。

三是强化风险防范意识，应急管理能力进一步提升。现代社会，各类突发公共事件对人民生命财产安全构成威胁，对社会稳定和安全造成冲击。在进行常态化治理的同时，基层社会不断强化风险防范意识、底线思维，提升应急管理能力，完善基层治理体制机制。

四是创新治理方式，激发治理活力。近年来，村（居）民议事会、乡贤参事会、流动人口议事会、商圈共治理事会等村（居）民说事、民情恳谈平台，在基层形成了坚持自治、法治、德治相结合的热烈氛围，进一步激发了群众自我管理、自我服务、自我教育、自我监督的积极性、主动性和创造性。

三、基层解纷机制变革的制度规范

制度规范从表现形式上看可以分为法律、政策、道德、技术、习惯等，从制定主体上看包括政权机关、市场主体、社会组织等社会治理的主体力量。基层社会治理体系是党委领导下政府和社会共建共治共享的制度体系，包括一整套紧密相连、衔接协调的体制机制和制度安排。市域社会治理现代化通过制度规范、实施机制、地方实践等，有效地将社会治理的精神内核和价值观念，渗透到社会治理共同体的每一位成员。基层治理在法治社会建设中有着重要意义，它是法治社会建设的主要场域和现实进路。[①]基层纠纷化解机制的运行必须依靠一整套科学完备的制度规范体系和行之有效的方法论体系。从法治、自治、德治、技术四个方面出发，可以基本概括基层社会治理的制度体系规范。[②]

（一）基层解纷机制的法治制度规范

基层社会治理现代化是一个不断运用法治思维和法治方式深化社会治理改革、推进经济社会协调发展、化解社会矛盾、维护社会稳定、有力化解社会风险的治理过程。新时代，要加快构建系统完备、科学规范、集约高效的基层解纷机制的法治体系，实现解纷机制制度化、规范化、程序化。一是建设科学完备的基层法律规范体系，制定权责明晰、便于操作的地方性法规、地方政府规章，为攻克基层社会治理难题提供有效的法律依据。二是建设公正权威的基层法治实施体系，健全依法决策机制，推动程序公开化、裁量标准化、行为规范化。三是建设规范严密的基层法治监督体系，特别是要加强对滥用职权、徇私舞弊、贪赃枉法等问题的监督，建立健全立体化、全天候

---

① 陈柏峰：《基层治理在法治社会建设中的格局与布局》，载《法治现代化研究》2020年第6期。

② 参见余钊飞：《论市域社会治理现代化的制度规范》，载《民主与法制时报》2020年6月11日，第7版。

的基层法治监督网络。四是建设务实管用的基层法治保障体系，构建基层统一的公共法律服务网络。

基层社会治理现代化的过程是贯彻落实全面依法治国的过程。如何构建基层治理的社会制度体系，一个重要的方面就是根据基层特点制定相应的社会治理地方性法规。目前，我国只有少数城市制定了相应的社会治理地方性法规，更多的是以政策、规章以及其他规范性文件的形式予以制度化，定型化的地方社会治理立法相对滞后。在这方面，经济特区深圳、副省级城市南京先后制定过系统性社会治理法规，可为其他地方提供借鉴。同时，浙江省衢州市制定的《衢州市城乡网格化管理服务条例》为网格治理法治化积累了重要经验。

（二）基层解纷机制的自治制度规范

加快构建民主、开放、包容的基层自治制度规范体系，打造人人有责、人人尽责的社会治理共同体，提高基层社会治理社会化水平，是推动基层社会治理现代化的重要内容。基层纠纷解决的社会自治规范体系建设最重要的前提是全面贯彻党的领导和全面依法治国精神，将《中国共产党支部工作条例（试行）》中各级基层党组织领导基层治理的职责贯彻到社会自治的每一个具体单元中。

一是完善基层群众自治机制，健全以群众自治组织为主体、社会各方广泛参与的新型社区治理体系。这里的基层群众自治制度规范，在城市主要是完善城市居民自治制度规范，如完善《居民自治章程》《居民公约》；积极提升小区治理制度化水平，如完善业主委员会运行制度、完善以《议事规则》《管理规约》为核心的小区治理制度体系。在农村主要是完善村民自治制度规范，如完善《村民自治章程》《村规民约》；积极推进自然村、村民小组制度体系建设。此外，在城乡人口流动背景下，应不断完善外来流动人口参与基层群众自治的相应制度建设。

二是完善企事业单位自治机制，健全职工代表大会、工会等民主管理机制，发挥好其维护职工权益、化解内部矛盾的作用。单位自治机制构建是企业治理的核心，也是当代社会治理过程中较薄弱但量大面广的重点领域，建议主要围绕职工代表大会制度、工会制度、重要事务公开制度、职工董事及职工监事会制度等进行重点完善。

三是完善社会组织自治机制，推动城乡社会组织成为制度健全、运行规范、充满活力的自治实体，让社会组织的微治理释放出大能量。完善公司治理中以公司章程为核心的示范性制度规范建设，完善以行业章程、商会章程为核心的市场联合组织的制度规范建设，完善各类非政府组织和社会自治组织的制度规范建设以及社会优良风俗习惯的制度化建设。

四是完善以《网络信息内容生态治理规定》为代表的互联网时代网络虚拟空间的自治制度规范体系建设。随着电子商务的发展，从最初的网络交易习惯到平台交易规则，再到较固定的网络规范及网络规范法治化，网络交易领域制度化、法治化趋势日渐明显。网络规范的范围，从交易领域开始迅速扩展到网络社会的各个领域，网络社会的权力规范与权利义务规范呈现系统化趋势。在急剧变化的互联网时代，如何把党的领导和群众路线真正贯彻到网络社会自治规范体系中去，也是基层社会治理现代化进程中必须考虑的现实问题。

（三）基层解纷机制的德治制度规范

"德法并举"是新时代社会治理的重要导向和方式，要全面贯彻落实《新时代公民道德建设实施纲要》，坚持以社会主义核心价值观为统领，完善社会、学校、家庭"三位一体"的德育网络建设，加快构建具有中国特色、彰显时代精神、体现地方文化的基层社会治理的德治制度规范体系。

一是加强道德规范法治化提升建设工作。以地方立法推动社会主义道德建设，发挥法治对道德建设的保障和促进作用，把道德导向贯穿法治建设全过程，立法、执法、司法、守法各环节都要体现社会主义道德要求。及时把实践中广泛认同、较为成熟、可操作性强的道德要求转化为法律规范，推动社会诚信、见义勇为、志愿服务、勤劳节俭、孝老爱亲、保护生态等方面的立法工作。

二是党委政府的公共政策制度从设计制定到实施执行，都要充分体现道德要求，符合人们的道德期待，实现政策目标和道德导向有机统一。科学制定经济社会政策和改革举措，在涉及就业、教育、住房、医疗、收入分配、社会保障等重大民生问题上，妥善处理各方面利益关系，充分体现维护社会公平正义的要求。加强对公共政策的道德风险和道德效果评估，及时纠正与社会主义道德相背离的突出问题，促进公共政策与道德建设良性互动。

三是大力加强职业道德规范建设及实施，正确处理国家、集体、个人之间的关系。加强职业道德建设，大力倡导爱岗敬业、诚实守信、办事公道、服务群众、奉献社会的职业道德，着力推动公务员、教师、医生、商人等群体的职业道德建设，建立可操作性更强的职业道德实施机制。

四是加强家庭美德建设，培育尊老爱幼、男女平等、夫妻和睦、勤俭持家、邻里团结的家庭美德。加强个人品德建设，推动各级学校思想品德教育创新工作，进一步完善符合当代青少年成长规律的德育体系。将优良的道德风俗习惯予以规范化，使其融入各类制度规范体系之中。

（四）基层解纷机制的技术制度规范

基层社会治理现代化需要专业化、智能化的科技支撑，更需要标准化予以规范。技术标准是社会治理的重要制度规范之一。新时代，科学规范的标准体系已成为社会治理现代化的重要工具。从制度规范角度看，标准的重要价值在于架起法律与科技之间的桥梁，标准在社会治理层面上具有极为重要的应用价值。标准是对科学、技术和实践经验的总结，其实质是为不同领域的生产、管理活动设置必要的"门槛"，以及提供达成此标准的实施方案，故被广泛地应用在社会治理的每一个领域。

目前，社会治理标准化领域，主要由国家标准、地方标准、行业标准三部分组成，其中与社会治理紧密相关的标准主要集中在社会治安综合治理领域。其中，国家层面最重要的三大标准是《社会治安综合治理 综治中心建设与管理规范》（GB/T 33200—2016）、《社会治安综合治理基础数据规范》（GB/T 31000—2015）、《城乡社区网格化服务管理规范》（GB/T 34300—2017）。如何将这些社会治理的重要标准规范贯彻到综治工作、网格化治理工作，并根据地方实际情况制定并实施相应的地方标准，是社会治理标准化的重要发展目标。

四、基层解纷机制变革的实践进路

2019年以来，浙江各地按照"最多跑一次"理念，全面探索建设县级社会治理综合服务中心，努力实现社会治理领域"最多跑一地"，并以此为基础，带动形成县、乡、村三级上下联动、左右协调的县域社会治理基本格局。为全面推进基层矛盾纠纷的解决，浙江省各地在"高水平、规范化、时效性"三大目标的指引下，强化辩证唯物主义思维，根据矛盾类型，依法依规科学规划县域社会治理中心建设的路径。为此，必须坚持按照"五分一体"（"分类、分层、分块、分级、分批"，形成"一个整体"）的具体推进路径，科学、有序、高效地进行统筹谋划和系统建设，推进社会治理现代化。

为贯彻落实党的二十大报告"完善正确处理新形势下人民内部矛盾机制"精神，完善基层矛盾纠纷机制的变革路径，"五分一体"的路径按照实事求是的思想路线，贯穿着具体问题具体分析的辩证法则，其体现了善治规律，系适合自身特点的社会治理现代化之路。在具体实践中，主要是推进综治中心规范化建设全覆盖，深化网格化服务管理，加快建设"一站式"矛调中心，构建"共治同心圆""善治指挥链"。

第一，"分类"是指"人民内部矛盾"和"敌我矛盾"的划分。我国《宪法》规定"中国人民对敌视和破坏我国社会主义制度的国内外的敌对势力和敌对分子，必须进行斗争"；"禁止任何组织或者个人破坏社会主义制度"；"禁止破坏民族团结和制造民族分裂的行为"；"国家维护社会秩序，镇压叛国和其他危害国家安全的犯罪活动，制裁危害社会治安、破坏社会主义经济和其他犯罪的活动，惩办和改造犯罪分子"。上述宪法原则是区分人民与敌人的红线，是我们判断和区分两类不同性质矛盾的基本依据和指南。敌我矛盾主要是经过斗争和专政方式予以解决的，而不是调处化解，应当按照法律程序采取专政的方法解决。人民内部矛盾则可以通过调解等方式化解。龙山法庭把推进综合治理，促进辖区矛盾纠纷多元化解，强化地方法治宣传，助推建立基层治理调解机制和网络作为法庭的重要功能，包括对老百姓法治理念和思维的引导工作，对各类调解组织和调解员的业务指导工作，对辖区建立基层治理调解机制与网络的推动和完善工作，对人民调解协议进行司法确认、赋予人民调解强制执行力的工作。同时龙山法庭把法治宣传、法律服务等工作贯穿到基层矛盾纠纷化解的全过程，确保群众利益表达渠道畅通，最大限度地引导矛盾纠纷化解在诉前。龙山镇矛调中心统筹区、镇、村三级调解主体，依托纪检、政法、信访、司法、行政和社会力量，各方联动、协同作战，"一站式"服务，"一揽子"调处，"全链条"解决重大、疑难矛盾纠纷。

第二，"分层"是根据"人民内部矛盾"冲突的强度和解决手段的烈度进行层次划分。一般可以划分为"刚性社会矛盾"和"柔性社会矛盾"。"刚性社会矛盾"主要是指群体与群体之间产生的重大社会矛盾，常规制度化方式难以解决，需要不断提升制度设计水平并运用多种方式解决的矛盾。"刚性社会矛盾"具体表现为以利益纠纷为主的重大社会矛盾纠纷，主要由社会结构性问题造成，涉及社会成员的生存利益，对抗性强、冲突激烈，有可能引发社会风险，通常需要发动和依靠群众，动员党政资源、社会资源、市场资源合力解决。"柔性社会矛盾"主要是指以个体成员为主体，在个体（家庭）成员之间产生的对立关系，通常可用制度化方式予以解决的矛盾。"柔性社会矛盾"具体表现为以利益纠纷为主的一般社会矛盾，一般可以通过人民调解、行政调解、司法调解解决，或是通过信访、行政复议、仲裁、司法判决等方式解决。总而言之，社会矛盾的分层决定了调处化解的方式方法，对于"刚性社会矛盾"的化解，更多应当以领导下访、综合协调解决的方法为主，即以乡一级党的政治权力和政府的行政权力打开矛盾纠纷化解的通道。对于一些普遍性的、趋势性的矛盾纠纷，乡级党委政府应当加强制度供给，加大制度创新力度，对于乡一级确实难以解决的根源性问题，应当及时形成意见建议上报县一级党委政府予以决策；对于涉及制度创设类的问题，乡一级党委政府应当及时发挥人民代表大会的制度优势，进而积极推动县级层面通过制定规范性文件等形式固化制度创新。对于"柔性社会矛盾"，则应充分运用人民调解制度和多元化矛盾纠纷解决机制予以调处化解，即在"调解在先，诉讼断后"的理念指导下把矛盾纠纷化解在基层、化解在萌芽状态。

第三，"分块"主要是根据社会矛盾纠纷类型差异化的表现形式进行区分。这里具体分成两类：一是社会成员之间的人际矛盾纠纷或社会成员与某个具体组织之间的矛盾纠纷，如婚姻家庭纠纷、物业纠纷、邻里纠纷、交通纠纷、合同纠纷等，此类矛盾纠纷量大面广；二是群体与群体的纠纷，如征地拆迁纠纷、劳动用工纠纷、环境污染纠纷、城市管理纠纷、医患纠纷等。在日常社会生活中，矛盾纠纷形式更加繁杂，调处化解的难度较大。具体而言，社会矛盾纠纷的"分块"是矛调中心实现矛盾纠纷"分流"的关键，也是功能区块设定和派驻单位选择的决定性因素。各矛调中心在具体设置功能区及派驻单位时，主要按照社会矛盾纠纷的种类和法律法规授权进行设计。如各地一般将矛调中心现场设定为综合受理区（合理安排导引、受理、等待区域，设置便民服务功能），信访接待区（设置信访受理、信访代办、公安、人力社保、自然资源、住房建设、农业农村综合执法等窗口和联合接访、纪检约谈、领导接访、心理服务等工作室，提升信访工作效率），诉讼服务区（提供诉调对接、司法确认、立案审查、简易民商案件速裁等服务），法律服务区（设置法律咨询、法律援助、公证鉴定、调解复议等窗口，承担法律咨询、法律援助、司法鉴定、行政复议、"12348"热线咨询等工作），多元调处区（设置人民调解、司法调解和行政调解相关功能室，提供行业性专业调解和社会化调解服务），综合指挥区（开展信息综合指挥和会商研判，接入"基层治理四平台"、"12345"统一政务咨询投诉举报平台等，为群众提供便捷的线上服务）等，功能区块科学合理设计，多部门集中办公、集约管理、集成服务，能够实现群众诉求反映、矛盾纠纷化解"一扇门进出"。

第四，"分级"主要是指根据矛调中心的不同层次划分相应的工作职责进行相应的任务配置。一般由县级矛调中心、乡镇街道矛调中心、社区村庄矛调中心构成县域社会矛盾纠纷调处化解的三级体系。根据社会矛盾纠纷冲突的烈度因地制宜划分各个不同层级矛调中心的具体任务，是进一步厘清基层矛调中心的重要工作。由于解纷资源和能力存在差异，不同层级的矛调中心承担不同程度的社会矛盾纠纷的调处工作。对于一般社会矛盾纠纷、普通社会矛盾纠纷、重大疑难复杂矛盾纠纷各地应当根据实际情况因地制宜设定相应的受理标准，分别由社区村庄、乡镇街道、县三级矛调中心进行调处化解。在各地建设实践中，部分县市区已经陆续开始构建三级矛调（社会治理）体系，即加强"中心"与乡镇街道、村庄社区的联动共建，推动上下贯通、层层负责的社会矛盾纠纷调处化解共同体建设。具体而言，"分级"涉及对重大社会矛盾纠纷的标准认定问题，由于各县市区及其内部城乡之间经济社会发展的水平存在巨大的差异，这一标准应当由各县根据实际情况确定。一般而言，县级矛调中心是县域社会矛盾纠纷的"中转站"，但不应是县域社会矛盾纠纷汇聚地。这就需要县级矛调中心突出聚合力优势，集中破解刚性社会矛盾；乡镇街道的矛调中心则应继续巩固基层治理"四平台"实体化运作成果，对上衔接县级矛调中心工作，对下指导社区村庄矛调中心工作和网格治理工作，真正发挥"一中心四平台一网格"的治理效能。

第五，"分批"主要是根据各县级行政单位经济社会发展水平的差异，实事求是、循序渐进地推进各矛调中心（社会治理中心）建设。矛调中心（社会治理中心）建设是党政资源、社会资源、市场资源在社会治理领域的全面集成，是一项巨大的"聚合力"建设工程，直接体现了政府治理水平。在我国，各级政府按照"为人民服务"的宗旨承担了大量具体的社会治理任务，政府治理对县域社会治理现代化起到明显的牵引带动作用。

综上，各级党委政府必须发挥主体责任，全面支持各级矛调中心建设。矛调中心不同的行政级别意味着不同层次的资源整合能力，关系到矛调中心能否有效集聚政治资源、经济资源、社会资源。此外，各级矛调中心场地空间选择与规模确定，直接决定了各单位能否在矛调中心实现物理空间的有机集成，这与各地的经济社会发展水平紧密相关，需要根据各地的社会矛盾总数等实际情况予以科学调节；既不能贪大求全也不能过于局促。

第三节 "龙山经验"与类案治理

基层矛盾纠纷化解是基层社会治理的重要内容,是社会安全的"压舱石"。[①]因此,"龙山经验"提出解决矛盾纠纷重点需要放在基层,其认为筑牢党建根基、夯实治理底盘,比任何时候都更加必要、更加紧迫,必须从源头上、制度上作出整体谋划、系统重塑,才能有效化解基层矛盾纠纷。

明确纠纷类型是针对相关纠纷进行化解、开展治理的前提,也是避免"同案不同判"问题的前提。"同案不同判"是容易引起"案结事不了"的重要原因之一。永康将"龙山经验"拓展到类案领域,坚持"诉调一体"理念,尽可能避免事实认定不一致、法律适用不统一、调判结果不协调等问题。后文中针对不同案件的解决方式各有不同论述,同时体现的也是"龙山经验"面对不同案情的不同运用。

一、"龙山经验"与基层矛盾纠纷类型

2020年11月16日,习近平总书记在中央全面依法治国工作会议上指出:"我国国情决定了我们不能成为'诉讼大国'。我国有14亿人口,大大小小的事都要打官司,那必然不堪重负!"[②]现阶段,作为国家公权力对私权利进行规范和制约的行政管理活动,常常以公民、法人和非法人之间的民事法律

[①] 温丙存:《我国基层纠纷治理的制度转型与创新发展——基于2019—2020年全国创新社会治理典型案例分析》,载《求实》2021年第4期。

[②] 习近平:《坚定不移走中国特色社会主义法治道路 为全面建设社会主义现代化国家提供有力法治保障》,载《求是》2021年第5期。

关系为基础，由此产生的纠纷实质和根源也往往是民事主体之间的私权利争议①。近年来，永康市委政法委高度重视"龙山经验"的深化推广工作，推动"龙山经验"逐步向都市区域以及其他类案领域延伸拓展，促进县域治理体系和治理能力现代化，尤其是全面推行"龙山经验"多元化解矛盾纠纷，增进群众福祉。我们经过调研发现，永康市各人民法庭受理的矛盾纠纷主要是加工、承揽、买卖合同纠纷，民间借贷纠纷，婚姻家庭纠纷和交通赔偿纠纷。新型矛盾纠纷也呈现出多样化趋势：因生产与生活排污、噪声污染而产生的环境纠纷；因新农村建设过程中道路建设、绿化产生的纠纷；因建制村调整涉及融资、土地征用等产生的村与村、村与户之间的纠纷；因工程承包过程中工程质量、资金、工伤赔偿而产生的纠纷等。除此之外，其他矛盾纠纷化解主体（如镇矛调中心、司法所、各村调委会等）受理的矛盾纠纷主要有人身轻伤害纠纷、邻里矛盾纠纷、劳动合同纠纷、工伤事故纠纷等。

二、"龙山经验"与人身赔偿纠纷化解

损害赔偿也称损失赔偿或赔偿损失，损害赔偿纠纷是侵权行为导致的纠纷，侵权行为是非法侵害他人财产权利、人身权利等，依法应承担民事赔偿责任的违法行为。从永康市矛盾纠纷化解情况来看，交通事故纠纷、人身轻微伤害赔偿纠纷、工伤赔偿纠纷、劳务关系纠纷是损害赔偿案件的主要类型。

（一）交通事故纠纷化解典型案例

"龙山经验"贯彻落实社会治理"核心是人，重心在城乡社区，关键是体制机制创新"的要求，大力推进党建引领城市基层治理重点领域、关键环节改革，不断提升城市基层治理效能。近年来，随着经济的迅速发展，用于

---

① 阎巍、袁岸乔：《多元化纠纷解决机制中行政审判的功能与定位》，载《法律适用》2021年第6期。

生产和生活的交通用车快速增加，居民购车量较高，同时经济的快速发展也使得道路规划上的一些不合理之处暴露出来。此外，永康市外来务工人员较多，人员流动量大，道路交通管理的压力较大。

案例6：2014年，陈某驾驶摩托车撞倒了正横过马路的章大娘，造成对方颅骨损伤，重伤二级。陈某因对此次事故负主要责任，构成交通肇事罪，被判处有期徒刑一年六个月，附带民事赔偿两万余元。从2017年出狱后，一直到2019年年底，陈某始终未履行两万余元的民事赔偿。前期，陈某有着"坐过牢就不用赔钱"的错误观念，这阻却了他主动履行赔偿义务。承办法官通过解释法律法规、介绍类似案例等方式，化解了他的疑惑，改变了他的错误思想。此时，陈某在主观上已经愿意履行法律义务，但因先天右手残疾，他只能在工地上找些散工；妻子是比他更加严重的残疾人，没有工作能力；母亲患有阿尔茨海默病；儿子的学费亦由别人资助。生活的极度困难让他客观上没有履行能力。针对陈某的特殊情况，案件承办人将该案报送至永康市"龙山经验"人大代表联络站。原则上，联络站的救助对象是生活困难的申请人，像陈某这样的是否符合救助要求呢？联络站进行了仔细研判，又多次联系了陈某所在镇、村干部了解核实情况，最终认为该案符合条件，决定启动救助程序。2019年的最后一天，联络站成员与法院干警一同到大路任村，组织当事人双方进行调解，并拿出救助金2000元作为替陈某垫付的执行款。该行为带动了村镇干部的积极性。村支书主动出面帮陈某联系了很多人帮忙，现场的好几位乡亲了解情况后也纷纷慷慨解囊。当日，陈某将筹集到的钱亲手交给了章大娘的女儿。不久，刚领到工资的陈某带着2000元现金到永康市"龙山经验"人大代表联络站归还救助金。他表示非常感谢代表们的帮助，解决了他的燃眉之急，现在有了钱，就要把钱还上，希望可以让代表们、让联络站帮助更多需要帮助的人。

基层社会治理，不是政府单一治理，而是党委、政府、群众自治组织、社会组织、人民群众等对基层事务的共同治理。本案中，人大代表、人民法院共同参与纠纷化解，正是多元共治的体现。本案的良好成效，也正说明社会治理共同体在维护群众利益、推进社会和谐等方面作用巨大。

（二）人身轻微伤害赔偿纠纷化解典型案例

人身轻微伤害纠纷案件，多发生在亲属、邻里和熟人之间。因此，根据"龙山经验"，在办理此类案件时应充分考虑案件的各个方面，借助当前逐渐完善的调解机制，发挥党委的领导核心作用，加强部门配合，调动各方调解力量，妥善解决案件，不断加强社会矛盾的预防和化解，形成"共建共治共享"的社会治理格局。

1. 审查起诉阶段典型案例

案例7：2020年7月5日下午，被告人叶某在永康市江南街道住宅内，因儿子叶某某玩手机和其他家庭琐事与叶某某及前妻施某某发生争吵，后因叶某某责骂叶某母亲，叶某用拳头将叶某某鼻子打伤至流血。经鉴定，叶某某所受损伤为轻伤二级。本案在诉讼过程中，被害人叶某某向法院提交了刑事附带民事起诉状，要求被告人叶某进行赔偿，并多次请求法院对被告人从重处罚。经法院审理查明：被告人叶某在管教儿子的过程中，未注意方式、方法，放任损害结果的发生，主观上存在间接故意，伤害他人身体，致人轻伤，其行为已构成故意伤害罪。鉴于被告人叶某与被害人系父子关系，本案由家庭纠纷引发，被告人叶某一时冲动，造成损害结果的发生，主观恶性较小，且被告人叶某积极救护，并主动交了相应的医疗费用，具有认罪、悔罪的表现；同时，被害人在发生家庭纠纷后，未能正确对待、处理纠纷，采取不恰当方式激化了矛盾，对损害结果的发生存在一定的过错，对被告人叶某的处罚应从轻考虑。考虑到本案系由家庭纠纷引起，若机械地对被告人叶某判处刑罚，很难达到案结事了的结果，反而可能会进一步激化家庭矛盾，引起更大的风险。为达到更好的法律效果和社会效果，永康市人民法院联系了人大调解室及关工委等多个部门，共同向案件双方当事人释法析理，做通双方的思想工作，多次召开协调会，制定相应的化解方案。最终，双方当事人表示愿意达成和解，被告人叶某取得了被害人的谅解，被害人申请撤诉，并提交了谅解书。永康市人民法院依照《刑法》第二百三十四条、第六十七条第三款、第三十七条之规定，判决被告人叶某犯故意伤害罪，免予刑事处罚。

家庭是孩子的第一教室，父母是孩子的第一任老师，和睦的家庭关系是孩子健康成长的基础。作为父亲，在孩子的教育上应当以德诲子、以理服子、以行正子；作为孩子，要感恩父母，尊敬长辈。古人云"天下之本在国，国之本在家"，不仅仅是父子关系，所有良好的家庭关系都需要家庭每个成员的共同努力。就本案来说，案件发生于被告人叶某管教儿子的过程中，双方都固执己见，不注重交流的方式方法。一方面，被告人叶某想通过打骂来教育孩子，无疑只会让孩子更加疏远，不断深化双方的矛盾；另一方面，被害人存在逆反心理，始终抗拒父亲，对父亲的教育置之不理，甚至主动挑衅父亲，最终导致案件发生。案件发生后，双方都费心费力，虽然最终被告人叶某能免于刑事处罚，但其也要支付赔偿金，并留下相关案件记录，而被害人身体也受到了损伤。办理此类涉家事案件，切不能机械办案，按照相关法律规定一判了之，这样不仅是对办理案件不负责，也是对案件涉及社会关系的漠视，甚至会在结案后引发更大的矛盾，背离了通过案件办理来进行社会治理的初衷。因此，要充分考虑案件的各个方面，借助当前逐渐完善的调解机制，发挥党委的领导核心作用，加强部门配合，调动各方调解力量，妥善解决纠纷。

2.执行阶段典型案例

案例8：2018年8月7日，被告傅某的干爹与应某因割草发生争执，傅某在与应某理论过程中将其打伤，傅某犯故意伤害罪，被依法判处有期徒刑一年三个月，并附带民事赔偿应某经济损失共计163712.45元。案件进入执行程序后，永康市人民法院查明被执行人傅某名下无可供执行财产，且被执行人由于已服刑一年三个月，对执行十分抗拒，拒不配合。法院遂依法采取财产冻结、查封、限制高消费等强制措施，但都未取得效果。申请执行人应某与被执行人系同村村民，对本案执行十分不满，情绪激动，多次上访。后案件移交"龙山经验"永康市人大代表联络站，联络站成员充分发挥代表们所属江南街道的区域优势，同当事人所在村村干部取得联系，了解当事人的实际情况，得知傅某因刚刑满释放暂无收入来源，其干爹已80岁高龄，家庭经济状况较差，主要收入来源为每年养三只小猪卖钱。人大代表与承办法官一方面多次上门释法说理，协调社会各方资源推动纠纷化解；另一方面劝导应某缩减赔偿金额，降低其心理预期。协调中，联络站成员从傅某干爹对该事件因其引起的自责心理着手，告知傅某承担民事赔偿的必要性和重要性，引导其转变思想，积极面对，最终促成双方当事人达成书面和解。"龙山经验"人大代表联络站考虑到傅某家庭经济困难，同时鉴于其诚信履行的意识，对其发放救助金一万元，用于支付赔偿款。案件纠纷化解后，人大代表们了解到赔偿款的支付使得傅某家庭负债累累，之后购买猪崽也囊中羞涩，便自掏腰包资助傅某购买了三只小猪崽，以便养大卖钱偿还筹资款。双方当事人于2020年3月27日达成和解，案件圆满调解。

永康市人大代表联络站借鉴矛盾纠纷多元化解方面的经验，整合社会各界力量及各类资源，对矛盾纠纷进行调解处理，为人民群众提供更多元、更高效、更便捷的纠纷调解服务。纠纷化解不是终点，人大代表们后续关注被执行人生活状况，通过给予无私援助的方式增强他们生活的信心，彰显了社会主义核心价值观"友善"的内涵，传播了正能量，对促进和谐社会具有积极作用。本案中，人大代表"零距离"倾听群众的真实声音，群众切实感受到"人大代表在身边"；人大代表听到的是百姓心声，人民群众感受到的是人大代表的为民之心。本案纠纷的成功化解，不但展现了人大代表活动规范化、履职常态化、联系群众制度化的成效，还体现了人大代表关心群众、联系群众、服务群众的履职意识。因此，一个个联络站就是一条条"民情通道"，人民代表大会制度的旺盛生命力和显著优越性在一次次的联络站活动中得到充分显现。小小的人大代表联络站，在基层治理体系和治理能力现代化中释放出了大能量，发挥出了大作用。

（三）工伤赔偿纠纷化解典型案例

案例9： 2021年1月27日，龙山镇某制造厂招聘一名工人临时到厂里帮工。1月30日，该工人正常工作时，机器意外坠落，该工人当场死亡，留下妻子和七十多岁的母亲、十几岁的儿子。此时，制造厂尚未办理完工伤保险。事故发生后，死者家属要求制造厂赔偿人身损害和精神损害。龙山镇人民政府在得知事故发生后，立即通知龙山法庭、龙山镇司法所与相关村委组成工作小组处理。工作小组第一时间赶赴现场，询问事件经过，安慰家属情绪，稳控局面，有效避免了事件的矛盾升级。经调查了解，事发时该工人正在进行产品组装加固，该工序需要使用吊机将产品抬起，该工人钻入产品下方进行操作。但吊机突然失效，抬起的产品瞬间压倒该工人。现场，法庭对死者家属进行抚慰，并进行相关的法律咨询解答。之后，工作小组向龙山镇人民政府汇报情况，经探讨法律关系、赔偿责任、赔偿数额后，工作小组确定了调解方向，拟订初步调解计划，并多次采用"背靠背"磋商、"面对面"协商的方式，组织当事人双方开展调解。在调解过程中，工作小组通过关心关爱，抚慰死者家属的悲痛心情，为纠纷的化解打下了良好的情感基础，从而有力推动了纠纷的快速化解。经工作小组多次从中协调，不到10天，死者家属与制造厂达成了一致的调解意见，并签订了调解协议：由制造厂支付死亡赔偿金、精神损害抚慰金共127万元，死者家属不再追究其他责任。

习近平总书记强调："我们党来自人民、植根人民、服务人民，一旦脱离群众，就会失去生命力。"①这段话反映了习近平总书记"以人民为中心"的发展思想。"龙山经验"是习近平法治思想在基层社会治理中的生动诠释，同样贯彻了"以人民为中心"的发展思想。在基层社会治理实践中，绝大多数矛盾纠纷被激化的一个重要原因是地方党委政府没有始终以人民为中心，

---

① 《习近平：决胜全面建成小康社会 夺取新时代中国特色社会主义伟大胜利——在中国共产党第十九次全国代表大会上的报告》，载中国政府网，https://www.gov.cn/zhuanti/2017-10/27/content_5234876.htm，2023年6月15日访问。

想人民之所想，急人民之所急。本案中，在伤亡事故发生之时，工作小组了解情况后第一时间赶赴现场，调查案件事实，为受害者家属提供及时的法律咨询服务，并且有效抚慰家属情绪，将人民群众的切身利益始终放在第一位，有效避免了矛盾纠纷的激化或升级。自始至终"以人民为中心"是本案调解工作得以顺利开展的一个重要原因。

（四）劳务关系伤亡赔偿纠纷化解典型案例

案例10：2018年6月，傅大爷的儿子受雇于李某建造某农村自建房。在高空作业中，其子不幸丧生，法院判决由李某赔偿傅大爷一家31万余元。但被执行人李某的生活极为贫困，确无财产可供法院强制执行。经法院前期工作，李某提出以即将发放的8万元征地补偿款还债，但履行全部义务过于困难，该案由此流转到"龙山经验"人大代表联络站。调解当日，傅大爷一家人都来到了现场。面对失去儿子的父母、失去丈夫的妻子、失去父亲的女儿，负责调解该案的人大代表感到极大的压力。但同时，李某一家的生活也极为贫困，55岁的他结婚没几年，孩子仅3岁，长期以来扶养身患智力残疾的哥哥更是极大地加重了家庭负担，四口人只能住在两间泥木房中。一边是申请执行人生活困难，另一边是被执行人客观上丧失履行能力，该案在法理上没有问题，但在情理上双方都有无奈之处，两位代表希望在合法的前提下，给予他们更多情理上的关怀。代表们细致地与老人交谈，倾听他们的难处，设身处地为傅大爷一家考虑，同时也鼓励李某勇敢承担责任。最终，李某诚挚地向傅大爷一家道歉，表示自己会通过借钱等方式努力凑够执行款。傅大爷一家也主动让步，将赔偿款降为21万元。根据救助办法，联络站经评估后启动救助，使用专项救助资金，给予傅大爷一家3万元救助金。代表们还自掏腰包解决李某一家过年物资问题，最终促使双方达成和解。

作为人大代表联络站成立后解决的第一起疑难复杂案件，代表们在情理上给予当事人更大的关怀，使案件的最终解决达到了政治效果、社会效果、法律效果的有机统一。案件也让代表们对社情民意有了更深的认识，看到很多平时看不到的社会现象，有助于今后更好地聚焦民生、履职尽责、为民发声，提出更多有建设性的建议。同时，与该案类似的涉民生案件在法院执行案件中占据了很大比重，本案的解决给其他类似案件的处理提供了参考。

三、"龙山经验"与婚姻家庭纠纷化解

家庭是社会的细胞，婚姻家庭纠纷基于婚姻家庭产生，和当事人的身份有关，尽管其属于人身方面的纠纷，但时常涉及财产方面。在人民法院审判实践中，有诸多婚姻纠纷案件是无法通过单纯判决获得绝对的公平正义的，如何运用司法智慧达到更好的政治效果、社会效果、法律效果才是人民司法的最终目的。当前，《民法典》的出台意味着我国民事法律实现了法典化和体系化，婚姻家庭编的编纂实施是我国婚姻家庭立法在理念和模式上的重大创新。《民法典》中婚姻家庭编高度重视社会主义核心价值观在婚姻家庭领域的引领与践行，注重维护我国婚姻家庭文化的特色和理念，重视婚姻家庭关系的人伦本质和人伦关怀，有利于维护婚姻家庭的伦理属性及团体价值，促进构建和谐稳定的婚姻家庭关系。[1]因此，"龙山经验"非常重视婚姻家庭纠纷的化解，这类纠纷能否及时、高效解决，直接关系到人民的生产、生活和社会安定。

（一）婚姻纠纷化解典型案例

婚姻是人生中的大事，婚姻家庭关系以平等、和睦、文明为基准性要求，更是以体恤弱者、保护弱者、援助弱者为实质追求。[2]根据《民法典》规定，男女婚姻家庭的建立和持续是以感情为基础的，如果感情破裂，婚姻关系就不能维持。但对于感情是否破裂，婚姻能否维持，实践中往往难以认

---

① 参见覃晓萍、刘晓宁：《"优良家风"入法：当代价值及实践进路》，载《理论导刊》2021年第2期。

② 参见秦莉莉、杨盛达：《家庭文明建设的民法路径——基于〈民法典〉第1043条的思考》，载《聊城大学学报（社会科学版）》2021年第2期。

定。与此同时，因离婚案件引起的子女抚育和财产分割问题也随之而来。随着社会的发展，传统的婚姻观念已经发生了重大变化，离婚仅仅是个人对自己生活道路和方式的一种选择。不过，婚姻案件如果处理不好，可能会导致债务纠纷，甚至引发"民转刑"案件。

案例11：2005年林某、胡某经人介绍认识，2007年10月12日两人登记结婚，2009年11月3日生育儿子胡某甲、胡某乙、胡某丙。因婚前缺乏足够了解，婚后双方经常争吵，后分居多年。2019年2月12日，林某起诉至法院要求与胡某离婚。林某认为双方已无感情基础，无和好可能，请求判令：（1）林某、胡某离婚；（2）胡某甲、胡某乙由林某抚养，胡某丙由胡某抚养；（3）依法对双方共同财产予以分割。被告胡某辩称：不同意离婚，双方感情尚未达到不能和好的地步，双方尚有一定的感情基础。经法院审理查明：林某与胡某经人介绍相恋后于2007年结婚，2009年生育三胞胎儿子胡某甲、胡某乙、胡某丙。婚后，双方一起创业，共同经营幸福美满的小家庭。但自三胞胎出生后，由于胡某丙患有先天性脑瘫，双方为此经常争吵，自2016年开始双方矛盾进一步激化，次年开始长时间分居生活，导致夫妻感情逐渐疏远，直至破裂。虽然胡某辩称双方还有一定的感情基础，具有和好的可能性，不同意离婚，但由于长时间分居生活，夫妻感情早已破裂，双方的主要矛盾在孩子抚养问题上。为了切实保障妇女儿童的合法权益，承办法官积极运用"龙山经验"，将案件移交"龙山经验"人大代表联络站，与具有丰富调解经验的吕月眉代表合力进行调处。承办法官和人大代表从最大化保障子女权益的角度出发，摒弃了以往单纯为了结案而把三胞胎拆散"判"或"调"给父亲或母亲一方的做法，而是争取让父亲或母亲一方独自抚养三胞胎，确保三兄弟能够一起健康快乐成长。在确定调解思路后，承办法官和人大代表从孩子成长、父母应尽责任等方面出发多次进行"背靠背"调解，最终双方在对孩子的抚养问题上达成了一致，由胡某独自抚养三胞胎，而胡某也同意了林某的离婚诉请，不仅有效化解了双方的对立情绪，也充分保障了三胞胎的利益。据此，永康市人民法院作出如下调解协议：（1）原告林某与被告胡某自愿离婚；（2）胡某甲、胡某乙、胡某丙随被告胡某共同生活至能独立生活为止，且生活费、教育费、医疗费等抚养费均由被告胡某负担；（3）确认原告林某与被告胡某名下的坐落于某处的不动产归胡某甲、胡某乙、胡某丙共同所有，该不动产的银行按揭贷款由被告胡某独自负担；（4）被告胡某于2020年8月10日前支付原告林某人民币300万元，原告林某与被告胡某各自名下的机动车、股权等财产归各自所有；（5）原告林某与被告胡某各自名下的债权债务由各自享有和负担；（6）其他问题双方互不再追究。

随着家事审判改革的深入推进，如何最大化保障子女权益已经是司法实践的共识问题，这使得法官在审理涉及子女抚养权问题的离婚纠纷时愈加坚持"人和"的家事审判理念，而在涉及子女抚养权的离婚纠纷审判实践中，双方未能对离婚达成一致的矛盾焦点往往在孩子的抚养问题上，如果能够让双方在孩子的抚养问题上达成一致，那么调解成功的可能性就很大。因此通过调解让双方对孩子的抚养权问题达成一致，无疑是本案最好的解纷手段，也是"人和"家事审判理念的必然要求。

（二）赡养纠纷化解典型案例

"百善孝为先。"孝敬、赡养老人自古以来是中华民族的传统美德，也是每一个儿女应尽的义务。血浓于水的关系是中华民族传统优良家风的重要根脉，在处理赡养老人和家庭财产分割问题时，不要让利益纷争毁掉亲情关系。

1.重组家庭典型案例

案例12： 村民吕某楼与施某园为再婚夫妇。吕某楼再婚前生有二子一女，均已成年，施某园再婚前生有一子一女，也均已成年。施某园的女儿赖某敏嫁给吕某楼的幼子吕某岳，成了"连娘对"。婚后对父母的赡养问题，兄弟姐妹几人经协商专门签了协议。吕某楼由长子吕某升负责，施某园由吕某岳负责。吕某楼死后，施某园提出，她的赡养费应由吕某升承担一半，吕某升不同意赡养继母，二人因此发生纠纷，惊动了派出所，施某园甚至还去上访。后来吕某升申请村调委会调解。调委会受理后，对双方情况进行了解。

调解员同施某园解释，她嫁给吕某楼时吕某升已成年，施某园对吕某升没有履行过抚养教育义务，也就没有要求吕某升赡养自己的权利。施某园则认为她与吕某楼的婚姻是经过登记的合法婚姻，应受法律保护，且继子女赡养继父母的例子也很多。调解员则告诉她合法婚姻首先保护的是夫妻间的法律关系，继子女和继父母之间的关系则需要视情况而定。再婚时，继父母与继子女是因婚姻关系而产生的一种亲属，属于姻亲。继子女赡养继父母的无非两种情况：一是父母再婚后继父母对继子女尽了抚养教育义务，这种情况法律规定适用父母子女关系的有关规定；二是虽然继父母没有对继子女尽到抚养教育义务，但继子女自愿赡养继父母，此时继子女只是在履行道德义务而非法律义务。由于吕某楼与施某园再婚时，双方子女均已成年，都不可能与对方子女形成抚养教育关系，因此双方子女都无须承担对继父母进行赡养的法律义务。调解员还向施某园建议，其赡养权利可以向自己的亲生子女主张，他们由施某园生育抚养，履行赡养义务既天经地义也是法律的规定。同时调解员劝导吕某升，虽然赡养继母不是法定义务，但施某园与其父亲共同生活多年，既是继母又是亲弟弟的岳母，从道德上讲逢年过节有所表示也是应该的，这样才能维持家庭的和睦。最终，一家人心平气顺，重归于好，案结事了，防止了事态的扩大与矛盾的升级。调解结果符合相关法律、司法解释关于继子女对继父母赡养义务的规定。

本来是亲上加亲，谁料想有了嫌隙冲突。长者自以为是，幼者不解，心气不顺。家庭虽是亲情的天地，但非法律的禁地。基于对家庭的法律确认和保护，对家庭中物质和精神利益关系的法律保障和调整不仅必要，而且应当。父母子女关系、扶养赡养关系，既是伦常亲情关系，又是法律调整的对象。但是法律不是孤立地、生硬地对家庭中必须纳入法律调整的社会关系予以介入，而忽视其本来、自在和本质的属性。本案的成功调解，就在于不是囫囵吞枣式地含混笼统、不加区分，而是回到法律的立场，回到具体的公正，回到家庭这一特殊法律空间中的实际情形，这样才能让当事人打开心结，依法化解矛盾。本案同时启示我们，调解绝不是糊涂账，绝不是和稀泥，而是依法为据、缘法而出，最终达到定分止争的目的。

2.普通家庭典型案例

案例13：2018年5月初，龙山镇某村一89岁老人到法庭状告其儿子不履行赡养义务。在该案的处理过程中，调解平台发挥了大作用，不到一日，案件双方信息便收集完毕，经了解，老人因10万余元存款与儿子发生矛盾，后因赡养纠纷诉至法庭。龙山法庭联合该村书记，根据收集的信息进行研究，寻找突破口。考虑到老人年迈多病，法庭决定上门开展工作，并制定了一个工作方案，即到村调解+巡回审判。由于双方矛盾积累已久，起初调解工作进行得并不顺利。知悉情况后，村书记朱某放下手中急事，第一时间从市区赶了回来，联合法官分头做老人和子女的思想工作。看着大热天风尘仆仆从市区赶回来参与调解的村书记朱某，老人抓着他的手动情地说："我相信你，书记。"有了信任的基础，随后的调解工作进展得十分顺利。最终，通过村书记、法庭法官的共同努力，该案件调解成功。

一直以来，"从群众中来，到群众中去"是中国共产党的群众路线的领导方法和工作方法，也是新时代人民法院在矛盾纠纷化解中应当遵循的基本原则。本案中，龙山法庭法官在了解到当事人因年迈而出行不便后，能够积极主动地"送法下乡"，专门赶赴当事人家中为其讲解法律知识，全面调查案件真实情况，有效把握本案的事实认定与法律适用等基本问题，为本案纠纷得以化解打下了良好基础，是"龙山经验"中"法庭职能前移"在解决村内纠纷方面的具体体现。同时，法庭也能够在矛盾纠纷化解中依靠群众，发动群众，联合村支书等基层群众自治组织力量，正是良好践行了党的群众路线工作方法。由此可见，群众路线与实地调查可以说是新时代人民法庭得以有效化解社会矛盾纠纷的两大法宝。

（三）继承纠纷化解典型案例

近年来，家庭伦理不仅受文化潮流和社会转型的冲击，而且在家庭结构、家庭责任、家庭形式发生剧烈变化的当代形势下亟须修补和保养。"龙山经验"结合当地实际民情，贯彻社会主义核心价值观，以法律的力量塑造婚姻家庭的伦理道德规范，显示了国家治理、社会治理与家庭自治的协同性需求，以此促进家庭幸福、弱者保护和社会和谐的统一，保障婚姻家庭领域个人责任、共同责任和相互责任的协作，共同维护这一特殊伦理共同体的良好社会职能。①

案例14：陈某生育子女三人，大女儿陈甲、二女儿陈乙、小儿子陈丙。1998年，陈丙出走，此后杳无音讯，经其子陈丁向人民法院申请，公告期满后依旧下落不明，于2021年2月23日被宣告死亡。2017年2月11日陈某去世，留下遗产存款139642元，但并未留下遗嘱，因陈某生前由陈甲照顾日常起居，该笔存款由陈甲保管。陈乙主张同为子女，父亲的遗产应当由三人均分。陈丁主张自己的父亲作为独子应该获得爷爷陈某的遗产，因父亲出走失踪，自己应当代父亲继承这三分之一份额的财产。陈甲主张弟弟陈丙自1998年因债务问题离家，几十年音讯全无，不应该享有继承权，而妹妹陈乙多年没有稳定工作，且从未探望过陈某，丝毫没有尽到赡养的义务，并且曾向陈某借款28000元，至今尚未归还。比起其他两人，自己从2005年开始独自赡养双亲，付出良多，因而不应该分割遗产。2021年4月，陈乙与陈丁向永康市人民法院倪宅法庭申请人民调解，要求陈甲返还属于两人所有各46547元的遗产份额。在调解中，这个家庭多年来积重难返的心结才开始层层剥开。陈丁的父亲和母亲因为债务问题离婚，陈丁由母亲抚养长大，因爷爷在陈丁读小学时未帮忙支付700元的学费，陈丁一直对爷爷抱有怨言，长大后不常与爷爷陈某走动。陈乙与丈夫多年感情不和，现在还需要给儿子还债，其早年在外地做月嫂，居无定所，生活负担较重，只能偶尔探望父亲，无法承担赡养义务。陈乙称，陈甲提出的28000元并非借款，而是父亲生前自愿赠与。陈甲则十分委屈，因自己生活较为稳定，自2005年开始接父母共同生活，无业的母

---

① 参见秦莉莉、杨盛达：《家庭文明建设的民法路径——基于〈民法典〉第1043条的思考》，载《聊城大学学报（社会科学版）》2021年第2期。

亲患风湿性心脏病，母亲病逝后父亲因冠心病做过三次心脏支架手术，后来还得了阿尔茨海默病。双亲住院期间，陈甲不仅支付了大额医疗费，陪护也由其一人亲力亲为，在拿到遗产后，还立即为陈丁的父亲偿还债务31000元。在了解完各家的苦楚后，调解室里的氛围开始缓和。调解员先对情绪最为激动的陈甲单独疏导，既肯定了她对父母的孝顺，对家庭的付出，对弟弟妹妹的关爱，又从法律层面为其解释了继承权的顺位，即子女三人都享有平等的继承权。虽然弟弟是在父亲去世之前出走，但是根据《民法典》第四十八条的规定，"被宣告死亡的人，人民法院宣告死亡的判决作出之日视为其死亡的日期"，因而弟弟也享有继承权，在其死后由陈丁转继承，即便弟弟在外早于父亲遭遇不幸，陈丁也能够根据法律规定代位继承。调解员进一步向陈甲解释，根据法律规定，同一顺序继承人继承遗产的份额，一般应当均等，但是对被继承人尽了主要扶养义务或者与被继承人共同生活的继承人，分配遗产时，可以多分。虽然三人都享有继承权，但是在份额确定时，法庭会特别考虑她付出较多的事实。接着调解员又对陈乙和陈丁进行开导，希望他们能够本着互谅互让、和睦团结的精神进行调解，并向他们说明了"有扶养能力和有扶养条件的继承人，不尽扶养义务的，分配遗产时，应当不分或者少分"的相关规定，劝导两人以和为贵，并向陈丁说明了转继承时需要"以所得遗产实际价值为限清偿被继承人依法应当缴纳的税款和债务"，陈甲用遗产中的31000元清偿陈丙债务的情况，法庭也会考虑在内。在调解员的努力下，三方自愿达成调解协议：一、由陈甲于2021年4月30日前一次性支付陈乙31000元继承款；二、由陈甲支付陈丁31000元继承款，该款以陈甲代陈丙偿还欠款31000元相抵，不再支付；三、其他问题各方不再追究。

该案件属于继承权纠纷，因继承过程中出现"继承人被宣告死亡""转继承""继承人生前有债务未清偿"等情况而变得相对复杂。这是一起典型的家事纠纷案件，因具有亲缘关系，该类案件更适宜以调解方式化解。但是家事案件的调解也不意味着一味地"讲感情"，本案立足于《民法典》相关规定，通过充分说法释理，使得调解协议在符合法律规定的同时也起到了普法的作用。该案件启示我们，在为当事人梳理法律关系的同时，应当注意理顺亲属间因为日常生活积压的矛盾，让当事人在换位思考、互相理解中消弭隔阂、回归亲情的温暖。

四、"龙山经验"与相邻关系纠纷化解

尽管邻里矛盾往往都是芝麻小事，却关乎个人的切身利益，如果不及时处理或处理不慎，很容易激化矛盾，不利于基层社会秩序稳定。因此，"龙山经验"重视邻里矛盾指导化解，预防纠纷升级。调解员切实把邻里矛盾纠纷化解在基层、解决在当地，消灭在萌芽，避免因纠纷化解不及时、不到位而引发治安、刑事、诉讼、上访等事件。

（一）相邻商铺纠纷化解典型案例

案例 15：2020 年 4 月 13 日，住某路 14 号的当事人王阿姨到社区调解委员会投诉，反映某路 12 号房与 14 号房之间道路上的排污管道油污堵塞，严重影响居民日常生活。王阿姨曾多次与 12 号经营沙县小吃店铺的老板刘某沟通，希望共同出钱疏通化粪池，但均未成功，双方由此产生矛盾，希望社区调解委员会帮忙协调。社区调解员初步了解情况后，第一时间赶到现场进行了解查看。调解员通过与住户们交谈了解到，该污水管道已经堵塞多时，无人维修，污水管道堵塞造成污水不断外冒，流向路面，臭气熏天，已经严重影响到居民的生活质量。为了找到堵塞管道的疏通点，彻底解决污水管道根源问题，调解员马上联系专业疏通污水管道的工人对管道进行逐个排查。经工人检查，确定是 14 号店铺和 12 号店铺的两根小油污管道长期油垢过剩导致道路地面污水管道堵塞，引起管道污物溢出。根据《民法典》，该情况属于二人以上分别实施侵权行为造成同一损害后果，且难以确定责任大小，应当由各侵权人平均承担责任，即由所有使用该污水管道排放油污的人分担相关清理费用。调解员清楚该纠纷所涉及的事实和法律问题后，立即对双方进行调解，但就责任认定问题，12 号店铺老板刘某态度强硬不愿出资，认为自

己作为租客不应出钱，而应由房东出钱，还表示隔壁的面馆店铺也在使用此污水管道，要出资的话面馆店铺也必须出。王阿姨见刘某这样的消极态度忍不住破口大骂，使得调解不得不中断。鉴于此，调解员决定先使用分开调解的方式，分别从两方面着手。一方面，与同是12号经营面馆店铺的老板谭某进行联系，确定面馆店也是使用12号店铺的污水管道后与其进行协调沟通，谭某表示只要刘某同意，他就同意一起出资。另一方面，调解员向刘某解释说明了该种情况下关于侵权责任分配的法律规定，并向其展示了问题拖延可能导致污染小区环境、破坏邻里关系、影响店铺生意等严重后果，同时告知刘某面馆店铺的老板谭某愿意共同分摊出资的信息。经过两小时耐心地和刘某沟通劝说后，刘某终于同意共同出资。随后调解员将此事告诉王阿姨，劝其不要激动。这才使得三方当事人又能重新面对面进行协商。最终当事人达成协议，共同分摊疏通污水管道费用，每户出资200元，共计600元，并愉快地签下了调解协议书，将可能引发邻里冲突、严重影响周边居民生活环境等大矛盾的污水管道堵塞事件成功地以最低成本解决。

本案调解立足事实、区分责任、讲求方法、富有智慧，调解员主动担当作为，防止了问题向诉讼案件甚至向信访事件转化，理顺了经营业主和小区居民的相邻关系，实现了公共环境、卫生健康的有效治理，值得称道。首先，调解员不避难点，查找症结，锁定诱因，为化解矛盾、辨明是非奠定了基础。其次，将《民法典》中的分别侵权导致同一结果的法条释义与具体的事实情境相对接，合法合理。最后，针对多方责任及其平衡的问题，本案中调解员穿针引线，沟通说服，步步推进，表现出很强的责任感、柔和的感染力及统筹的策略性，从而为妥善、彻底化解纷争提供了保障，彰显了"龙山经验"的生命力。

（二）相邻住房纠纷化解典型案例

案例16：永康市某小区业主王某某因为邻居陈某长期占用公用过道阻碍自家进出而物业解决不了的问题拒绝交纳两年来的物业费，因此与小区物业公司发生纠纷。2021年4月7日，该案件被永康市矛调中心指派给永康市物业管理纠纷人民调解委员会进行调处。受理该案件后，永康市物业管理纠纷人民调解委员会调解员对此纠纷进行了基本情况了解和分析。经初步调查发现，王某某是一个回国后在金华工作的留学生，由于他此前常年不在家，对门业主陈某——72岁的独居老人就把家里的一些东西长期搁置在他家门口，不仅妨碍正常通行，长期放置还会产生怪味。王某某多次与陈某进行交涉都无果，于是只能向小区业委会和物业公司反映此问题，他们采取了出面调解、在小区公开栏上及陈某家门口张贴通知通告、在小区的广播上进行告知等多种措施也都无效，情况依旧得不到很大改善。在问题无法解决的情况下，王某某试图出售出租该房屋也没有成功。所以，王某某认为，这不仅影响了他的正常生活，还给他带来了经济上的损失和精神上的打击，物业公司没有解决他的根本问题，没有尽到责任，因此拒绝交物业费。他把两年来的通话记录、现场照片等相关证据都保留着，主张同物业公司走诉讼程序。2021年4月10日，调解员在物业公司的陪同下在晚饭时间段来到了陈某家，调解员向他表明了来意，陈某认为没必要小题大做，自己的行为并不会给他人造成影响。通过调解员的耐心劝导，陈某最终清理掉了门口的东西。第二天一早，调解员把情况告知王某某，希望其尽快补上拖欠的物业费，可王某某执意要到现场查看，果然不到一天时间，楼道内又恢复了杂物堆积的原样。最后，调解员于当晚再次上门，向陈某耐心地解释最近全市都在创建文明城市，开展"立信义 弃陋习 扬正气"专题教育整治活动，在公用通道放置杂物是一种社会陋习，不仅容易滋生蚊蝇鼠蟑，影响他人正常生活，也不符合消防安全的要求，会导致邻里之间矛盾越积越多，有可能引发群体性事件甚至刑事案件，造成社会不稳定。调解员也向同行的物业公司人员建议，针对此情况，考虑到小区中一些老人也有同样需求，建议在小区中设置一个废品回收区域，统一集中管理放置废品等杂物。陈某听后也明白了道理，立即清理了杂物，并承诺以后不会再乱堆放。王某某无法正常使用住房的问题得到了圆满解决，三方当事人对此纠纷的处理结果都表示很满意，邻里关系变得更加和谐。

俗话说"远亲不如近邻",道理人人都懂,但之所以邻里之间还会出现频繁的纠纷和矛盾,一方面,是因为一些居民并没有意识到自己的行为不文明,有害小区卫生环境,甚至可能构成违法行为;另一方面,是因为小区的物业管理单位没有建立起有效的渠道和机制来及时处理这些行为。针对邻里纠纷,需找准矛盾焦点,及时"对症下药"。通过基层调解员晓之以理、动之以情的劝导,把矛盾纠纷化解在家门口,化解在萌芽状态,有效维护社会安定团结。

五、"龙山经验"与劳动争议纠纷化解

作为"五金之都"和"门都"的永康市是江浙地区私营经济比较发达的地区之一,外来务工人员较多,私营企业数量多,但生产规模不一,既有高度市场化的现代企业,也有散落于各家各户的家庭作坊式企业。因此,由劳动争议引发的矛盾纠纷也较多。

(一)群体性劳动争议纠纷化解典型案例

案例17: 由于包工头与发包方未签订承包合同,双方对工价存在争议,拖延了民工的工资发放,2020年7月30日下午2点,十多位民工来到花街镇矛调中心,提出要求某建筑工地包工头李某结付13万余元工资的诉求。了解民工的诉求后,调解员立即深入建筑工地现场了解情况,并结合民工的讲述厘清了事件的来龙去脉。2020年5月,有建筑施工一技之长的李某与花街镇某小区开发项目的汪某以口头协议包清工的形式,承接了该小区砖砌围墙、窨井下水管道埋设、地面混凝土浇筑等零散工程。经过两个多月的施工,工程已基本完工。李某雇请的泥水师傅以及参建的民工要求李某结清工资,而李某因与汪某在工程量计算、工价上存在争议拖延了工程款的计算和支付,导致不能及时发放民工的工资,最终形成发包方、承包方、劳资方的"三角结"。由于合同签订不规范,建筑工程在发包、承包、雇工三个环节上产生合同纠纷和劳资纠纷的现象屡有发生。因此,调解员首先从源头发包方着

手，向发包方阐明及时发放民工工资对维护企业信誉、维护社会稳定、促进社会和谐的重要性，要求发包方汪某信守口头协议，减少预留款，提高工程款发放比例，同时要求承包方李某对所雇佣工人的工时、工资的明细核算做到准确无误。最终，通过调解协商，承包方李某承认自己签字确认的工价、工程量清单有效，同意按该清单计算工程款。发包方汪某自愿将工程款的发放比例从70%提高到90%。该承包项目总工程款为207120元，按90%计算应发186408元，扣除预支生活费6万元，汪某将余款以现金方式当场付给李某；预留验收押金2万元，待小区开发项目验收合格后、2020年9月30日前由汪某返还给承包方李某。李某按工人出勤考核工时计发工资，当场支付给所有雇佣工人，并将发放工资清单报送给发包方留存备查。矛调中心成功帮助民工维护了合法权益，将矛盾化解在萌芽状态，防止了事态升级。

保障劳动者获取劳动报酬的权利，关系到劳动者的切身利益，事关广大劳动者的获得感、幸福感、安全感，关系社会公平正义与和谐稳定。做追索劳动报酬、涉劳动者工资等关乎民生案件的调解工作，既解决了矛盾纠纷，也节约了司法资源，更做到了法律效力和社会效果的统一。本案中，矛调中心受理案件后，认真开展工作，积极参与纠纷化解，随后通过制作调解协议，使一起侵害劳动者合法权益的案件得到依法依规解决，彰显了矛调中心为民担当的精神与治理智慧。

（二）跨行业、跨部门、跨地区类劳动争议纠纷化解典型案例

案例18：2013年3月2日，永康市某加工厂员工袁某甲在上班途中遭遇交通事故，被认定为工伤（伤残五级），经劳动仲裁和法院判决及上诉调解，袁某甲所在的石材加工厂需一次性赔付袁某甲8万元，如未按期支付，则袁某甲可按一审判决的20.34万元足额申请强制执行。然而，未等赔偿金到位，石材加工厂负责人陈某却因各种原因"倾家荡产"，加工厂也早已停产，陈某名下还有十余件执行案件，涉案标的超过1000万元，不管是加工厂还是陈某，确实都已无财产可供执行。此后，袁某甲的姐姐袁某乙在照顾弟弟的

同时多次到法院申请强制执行，均无结果。事故发生近八年来，尽管早已确定加工厂和陈某都已无财产可供执行，但法院方面始终没有放弃对本案的关注。一个偶然的机会，法院方面得知陈某在西北某省务工，然而，按他目前5000元左右的月薪和两个孩子需抚养的现实情况，并不具备一次性偿还赔偿金的能力。考虑到袁某甲的实际情况，法院做通了其他申请执行人的工作，将此案列为优先执行。然而，八年过去，袁某甲也已无法联系上。在其他部门的协助下，一个多月后法院找到了袁某乙。袁某乙已随丈夫离开永康去仙居，袁某甲则被送回老家由父母照顾。当事双方找到后，才有了"龙山经验"人大代表联络站矛盾纠纷化解活动，各级人大代表同法院工作人员一道参与调解。陈某的代理人转达了陈某还钱的意愿，陈某所在公司的负责人也同意通过预支陈某工资的方式垫付部分款项，以促成案件和解。最终，通过大家的共同努力，双方达成和解，被执行人一次性支付款项12万元，申请执行人自愿放弃余额不足部分，今后不再追讨。代弟弟参与调解的袁某乙对调解结果非常满意，对各位代表、法官、各部门工作人员表示衷心的感谢，表示自己作为外来务工人员因此对永康产生了深厚的感情。

本案从最初的袁某甲提起劳动仲裁、诉讼，到法院经其他申请执行人同意将此案列为优先执行这一关键转折，再到最终以预支陈某工资的方式使纠纷得以圆满解决，各方当事人始终以合理合法的方式解决问题，所有程序均在法治轨道上运行，既没有受害人一方"据理闹事"的事件发生，也没有为了保护较困难一方而损害他方的合法利益。在调解过程中，债务人陈某没有回避自己的欠款事实，通过代理人表示"确实不应该欠他人钱"。而袁某甲能够及时拿到赔偿款的决定性因素则是陈某所在公司的股东之一也是一名热心肠的永康市人大代表，调解过程中，"龙山经验"人大代表联络站的代表与其通电话，对方当即表示愿意预支陈某工资垫付赔偿金。

六、"龙山经验"与债权债务纠纷化解

随着经济交往日渐频繁，民间借贷越来越普遍。永康市经济发展相对迅

速，特别是在民营经济和家庭经济方面。由于民间资本活跃，百姓投资方式多样，但融资渠道不畅；银行贷款门槛过高，手续过于复杂，借款人转向民间融资；公民法律意识淡薄，订立合同不规范，民间借贷手续不完备；市场经营存在风险，当事人风险意识不强；相关部门监管薄弱，尤其是民间借贷市场缺乏管理，亲朋好友之间、个人与集体之间的自由借贷频率高、数额大，相关的债权债务纠纷较多。

（一）涉村债权债务纠纷化解典型案例

案例19：2009年，方某与原永康市上某村签订道路硬化合同，由方某承接上某村的道路硬化工程。工程完工后，上某村未及时支付工程款。2018年，经结算，双方确认所欠工程款为28万元，并由上某村向方某出具欠条一份。2019年，根据政府的统一部署，上某村与下某村合并为永康市某村。村庄合并后，方某多次向某村催讨工程款，但未果。2020年6月，方某起诉至法院，要求某村支付所欠的工程款。本案的被告为特殊主体，且本案是永康市建制村合并后遗留的涉农纠纷，案情特殊。古丽法庭收案后高度重视，在债权人同意诉前调解后，及时联系了某村现任干部。经了解，本案并非个案，在建制村合并之前，原上某村对外负债100多万元，涉及债权人十几户。现上某村与下某村已合并成某村，某村村干部认为，上某村之前的欠款并非其经手，也未经审核，故某村不予认可。该村村干部还表示，即使债务真实，村里也无资金支付该欠款。建制村合并后，村庄建设和发展都亟须资金，现某村正在发展旅游业，有限的资金都用在了旅游产业建设上，即使法院直接判决也很难执行到位，而且如果查封村集体账户，正在建设中的旅游项目就会搁浅，将造成更大的损失，不利于乡村发展。另一边，原告方某患有尿毒症，若拿不到工程款，巨额医疗费无处筹集。由于本案并非个案，涉及债权人较多，考虑到案件情况的特殊性，法庭主动联系属地街道，由街道召集相关部门、某村村干部共同探讨该案的解决方案，希望街道能在政策范围内给予一定帮扶。经过多次协调，综合考虑某村实际情况和法庭的建议，街道提出了解决方案。双方于2021年1月6日达成调解协议，某村同意分期进行付款，现已按期履行部分款项。针对村庄合并前上某村所欠的款项，街道给予某村700平方米的宅基地指标，要求通过对宅基地招投标获得部分专项资金，以用于此前欠款的偿还。

2019年，永康市统一调整建制村区划，较多村庄进行了合并，村庄合并后，各个村庄前期遗留债务需处理的问题普遍存在。发现纠纷后，人民法庭高度重视，紧紧依靠党委政府的领导，充分发挥"龙山经验"的作用，注重将案件化解在诉前，最终实现矛盾纠纷实质性化解。本案最终调解方案，既解决了村集体经济建设的资金困难，帮助村集体清理了债务，解决了批量纠纷，实现"轻装上阵"，同时由法院对双方的分期付款协议进行司法确认，又保障了债权人的合法权益，实现了双赢。

（二）个人债权债务纠纷化解典型案例

案例20：陈某某与亓某某系恋爱关系，自2016年起未婚同居。恋爱期间，陈某某在性格强势的女友要求下进行了双眼皮手术，女友为其支付手术费用11000元。此后，因两人打牌、打赌、玩闹等种种原因，陈某某分五次签下了欠女友共5万元的借条，借条还详细载明了借款期限、月利率及逾期责任等内容。除此以外，亓某某要求男友日常在身边陪伴，不允许陈某某外出工作，并控制其微信等社交账号，限制他与朋友和家人的交流。2020年，陈某某的父亲因不满亓某某的生活作风以及其对陈某某的控制，出面要求两人分手。亓某某因分手后未拿到"还款"，唆使张某、刘某用防锈漆在陈某某老家住宅外墙及大门上涂写字样。无奈之下，陈某某及其家人选择了报案，亓某某因寻衅滋事被永康市公安局行政拘留8日。2021年1月，亓某某以民间借贷纠纷为由申请人民调解，永康市人民法院倪宅法庭调解员主持了本案调解工作。亓某某主张自2018年2月起陈某某陆续向其借款5万元，要求陈某某归还尚未清偿的47000元。陈某某主张借条均是恋爱期间为避免与亓某某产生争执所签的，与亓某某并不存在借款关系。在耐心地倾听各方当事人叙述，平息各方情绪后，调解员从交谈中厘清了这5张"借条"的真相。5万元的"借款"是两人在2020年8月协商确定的，其中11000元是亓某某为陈某某支付的双眼皮手术费，1万元是陈某某打赌输给亓某某的，其余的"借款"则是陈某某在生活中陆续自愿赠与亓某某的。调解过程中，调解员感觉到亓某某和陈某某互相还有感情，遂决定采取逐个击破的方式打破双方的隔阂。调解员先单独劝说亓某某在感情中要自尊自爱，既然双方没有结婚，根据日常生活经验和善良风俗，不应该要求陈某某给付大额的财物。之后，调解员劝说陈某某，其作为心智正常的成年人，与亓某某签订了契约，就应该了解契约的具体内容，对自己的行为负责。最后调解员主持双方心平气和地坐在调解室内重新确定金额和支付方式，双方自愿达成调解协议，陈某某当场支付亓某某1万元，亓某某放弃其余借款及利息，并将所有借条作废。

本案比起普通的民间借贷案件更具有复杂性，男女恋爱期间所写的借条，其既存在真实的借贷，也存在以结婚为目的的赠与，还可能是男女之间为增进感情的戏谑行为。恋爱期间的好意施惠，不在法律调整的范围内。当事人过激的行为，也使得调解的推进充满变数。本案中，调解员以法律为原则，以感情为催化剂，引导当事人将借条的真实由来细细道出。调解员巧妙采取明法析理和温情规劝方式，成功调解一起因恋爱分手后主张财产返还的民间借贷案件，既保护了双方当事人的合法利益，又避免了双方当事人撕破脸，实现了"息诉止争"的良好效果。

七、"龙山经验"与矛盾纠纷批量化解

（一）消费者维权纠纷批量化解典型案例

案例21：2019年5月底6月初，永康市市场监督管理局陆续接到因大润发永康店顶楼停车场某汽车美容店关门停业要求退还充值预付卡券剩余金额的群体性投诉，短短一周，摸底涉及消费者2021名，有消费凭证的消费者就有500多名，均有50元至1298元不等的利益受损，预付卡面值总额为

126.838万元。根据永康市公安局提供的信息，仅2019年6月，大润发永康店停车场入口就发生了四起围堵维权的群体性事件。永康市市场监督管理局工作人员接到投诉后，前往大润发永康店调查情况，调查发现，某汽车美容店是安徽省马鞍山市的一家汽车美容连锁店，由大润发总部对接合作，2018年7月1日以专柜形式入驻大润发永康店，因违规销售预付卡，大润发永康店曾责令其停业整顿，两次停业整顿后，该店就关门停止营业，继而引发了这起群体投诉。该投诉涉及人数多、金额大，为此，受损的消费者还在维权期间建起了近千人的微信群，并推选一些有法律专业能力、维权意识强、受损金额大等典型代表成立了一个"维权小组"，在将问题投诉到永康市市场监督管理局的同时，他们还多渠道求助浙江之声等媒体。永康市市场监督管理局对此案非常重视，成立了处置小组，多次召开碰头会，同时会同公安局、商务局等部门与大润发总部、大润发永康店及消费者代表进行沟通协商。最终，双方达成协议：1.大润发永康店找第三方入驻顶楼继续按照原卡承诺（原承诺免费洗车的还是免费）的项目来履行；2.原洗车费30元降至10元；3.提高服务的质量，在原有服务的基础上增加内饰翻新、全车打蜡等多项服务供消费者选择；4.定期公布每天服务车辆的预约数量，做到预约可视化；5.服务期限不限车牌（一年半）或者限车牌（两年半）；6.有预约服务的优先服务，无预约的到店当新客接待（排队等候）；7.大润发永康店后期承担监督管理责任，如果第三方中途退场，大润发永康店做到无缝对接；8.大润发在醒目的地方或APP上通告事情的进展情况；9.大润发永康店在《永康日报》上发布公告，通知所有消费者在规定时间内（两个月）到大润发永康店一楼前台换新卡。双方签订书面的和解协议后，"维权群"解散。

对于极有可能发展为群体性事件的消费者权益纠纷，应当配套日渐完善的消费者权益保障机制、消费纠纷即时响应快速联动处理机制；通过各职能部门联动，使消费纠纷化解在萌芽阶段，降低当事人的维权成本，化解群体性事件，增强调解工作的公正性、公信力，最大限度地延伸消费者权益保障部门业务指导和纠纷调处职能，并通过多方协作共建人民调解、行政调解、司法调解的"三调联动"调解体系，是永康市市场监督管理局立足职能对"龙山经验"的延伸。

（二）群体信访纠纷批量化解典型案例

案例22： 2020年6月9日，永康市综合行政执法局接到群众信访：浙江某公司于2018年6月12日进入破产重整程序，其所建某小区住宅楼因规划图与现状存在差异无法通过验收，导致广大业主无法获得房产证，影响孩子入学。其实，在信访人举报前，市综合行政执法局就已经意识到相关问题的复杂性和严重性，因法人变更风险、行政处罚责任主体无法确认等因素，市综合行政执法局前后组织多次会谈讨论。2020年5月28日，永康市综合行政执法局西城中队在对该项目规划验收时发现问题，随即上报市综合行政执法局。永康市综合行政执法局就发现的问题先后进行两次内部讨论。6月1日，邀请局法律顾问到场就解决方案的法律部分进行细化讨论，考虑到公司已破产，六个月内存在法人变更风险，当场未通过相应方案。6月3日，再次对该案件进行研究讨论，并邀请重组方代表律师列席，根据（2018）浙0784破1号《浙江省永康市人民法院民事裁定书》，破产管理人没有履行行政处罚的职责，鉴于该情况，现阶段对该违法行为无法确定行政处罚责任主体，因此对处罚方案再次作出不予通过决定。6月9日接访后，考虑到市政府化解不良资产及维稳工作的需要，市综合行政执法局于6月16日至17日再次作出召开集体讨论会议。本案所涉公司因某小区后续资金链断裂已进入破产重整流程，企业经营比较困难，且属市政府"两链"（资金链、担保链）风险解链项目。由于项目能否顺利通过验收、办理房产证关系到子女落户、上学学籍问题，事情紧急，多户业主已经多次上访。考虑到双方当事人的难处，会议决定根据永康市自然资源和规划局出具的"尚可采取改正措施消除对规划实施的影响的情形"的意见，最终裁量按建设工程造价百分之五进行罚款，并由浙江某公司破产管理人进行支付。永康市综合行政执法局和永康市人民法院在严格依法依规查处的前提下特事特办，开辟绿色通道，最终使浙江某公司涉嫌违法建设一案从接访到结案历时少于一个月。结案后，西城执法中队致电信访人进行回访，信访人对于案件处理的时效性和处理结果表示十分满意，一起可能引起群访、越级上访的矛盾纠纷得到迅速合理合法的解决。

信访制度是中国特色社会主义民主政治制度的有益补充。将矛盾纠纷化早、化小，解决在基层、化解在萌芽状态，是信访工作的重要任务。在"龙山经验"中，信访工作致力于解决人民群众的合理合法诉求，重视在法治轨道上健全群众诉求表达机制和群众权益保障机制，注意集中优势资源，调动干部群众的积极性，充分利用教育、调解、疏导等办法和法律、政策、经济、行政、习惯等手段，借助诉调对接、访调对接、多调联动的大调解格局，依法有序为人民群众排忧解难，以期实现人民安居乐业、社会和谐稳定、国家大治安宁的目的。本案是永康市综合行政执法局积极参与社会治理，依法化解信访纠纷的典型案例。永康市综合行政执法局在处理案件中以人民为中心，兼顾效率与公平，依法履职，实现了执法效果与社会效果的有机统一，为"龙山经验"的丰富发展提供了生动案例。

八、"龙山经验"的领域延伸

2018年以来，永康市委每年专题听取"龙山经验"汇报，召开全域推广会，推动"龙山经验"逐步向类案治理领域延伸拓展，促进县域治理体系和治理能力现代化。2019年12月、2020年5月，永康法院相继与市人大常委会、市政协成立"龙山经验"人大代表联络站和政协委员调解室。其中人大代表联络站通过代表自发筹集、慈善总会管理，设立400万元司法案件专项救助基金，截至2023年3月，共有全国、省、市、县四级人大代表1017人次参与化解290起涉诉纠纷，参与信访积案化解30起，成功化解258起，发放救助金129.26万元，成功化解和达成调解的涉案金额达2.73亿元，曾获得最高人民法院院长的批示肯定。政协委员调解室共有135人次参与调解案件94件，调解成功76件，涉案金额达1594.97万元。与此同时，永康市大力推进道路交通、医疗卫生、知识产权、金融、物业等行业调解组织建设，与公安、财政、司法等部门联合出台《永康市矛盾纠纷多元化解经费奖励实施办法》，强化调解员队伍保障激励，每年发放奖金百余万元，并推动各个镇（街道、区）积极结合区域特色创新模式。在行政争议化解方面，永康法院深化"司法＋行政"模式，与市政府共同召开府院联席会议，积极构建大调解体系，开展"一月一镇平安大会战""行政争议化解攻坚月"等行动，打造"龙山经验"行政版。永康市人民法院与市政府金融办、帮扶办等联合成立了金融纠纷调处中心，四大国有银行和本地农商银行均派员入驻，发挥金融债权案件前置调解、帮助企业协调转贷等功能。

第三章

"龙山经验"与基层社会治理现代化

党的十八届三中全会提出了推进国家治理体系和治理能力现代化这一重大命题，这表明了我们党对国家治理现代化的深层认识与理解，同时更表现出对社会治理的高度重视。[①]社会治理现代化是时代的产物，是与社会发展前景相伴而生的，也是中国全面建设社会主义现代化国家的必然要求。人民法庭是"基层中的基层"，因为人民法庭离老百姓近，能够深刻理解"党的根基在人民、党的力量在人民"，看得见老百姓的困难，听得见老百姓的心声和诉求，明白只有把老百姓放在心中，把责任扛在肩上，切实解决老百姓最关心最现实最迫切的问题，才能向老百姓交上一份经得起历史检验的答卷，才能从群众中汲取力量滋养初心。近年来，我国基层治理方式和手段不断创新，基层治理体系日益完善，基层治理能力不断增强，"龙山经验"便是典型。实现基层社会稳定有序又充满活力，必须凝聚各方面力量，创新基层治理体制，打造良好的基层治理生态，进而构建一套适合我国国情、能够解决基层治理问题的体制机制，这是推进基层治理现代化的关键所在。

社会和谐是中国特色社会主义的基本要求，和谐社会需要法治的引领和保障，和谐社会本质上是法治社会。[②]社会治理法治化是法治社会建设的主体工程，要完善社会治理体系，坚持和发展新时代"枫桥经验"，推进多层次、多领域依法治理，健全依法维权和化解纠纷机制。法学界对社会治理现代化主要是从新中国成立以后社会治理的历史变迁和制度规范建立完善两个角度进行研究，其中主要集中在"良法的构建"与"善治的运行"两个维度。

法学界关于良法善治方面的研究主要侧重于法治国家、法治政府、法治

---

① 苏敏、胡宝元：《实现国家治理现代化的途径探究》，载《辽宁工业大学学报（社会科学版）》2021年第4期。

② 陈柏峰：《习近平法治思想中的法治社会理论研究》，载《法学》2021年第4期。

社会如何一体建设。其中关于社会治理制度规范体系的研究主要集中在对相关法律法规和政策体系上，但涉及社会治理的党内法规制度体系、国家和地方标准体系、社会自治规范体系等问题的研究非常薄弱。此外，法学界对于社会治理的研究在理念上发生了巨大的变化。法学界十分关注"法治"与"治理"的内在关系，提出"提高社会治理的法治思维"等研究路径，主张以"法理"为内核整合社会治理理论，这对推动社会治理理论的纵向发展产生了重要作用，从国家和社会治理体系的视角看和从规范体系的概念出发，也更有利于把握国家治理的制度体系。

需要说明的是，法治理论中的"法治社会"与"社会治理"概念关联紧密。法治社会建设和社会治理活动在实践上的确存在很大程度上的交集，但法治社会和社会治理作为彼此独立的理论范畴有不同的分析功能，不可混同使用。法治社会是指一种由国家法律和社会自生规则共同缔造良好秩序的社会状态，以社会组织为主体的社会自治是其存在和运行的基本特征。社会治理范畴描述了一种政府主导、社会参与的公共事务管理方式。法治社会和社会治理在研究领域、问题导向、概念功用、实践主体、实践内容上都存在差异，但在社会结构条件、运行机理、制度依赖、价值取向等方面也具有一致性。①

---

① 庞正：《法治社会和社会治理：理论定位与关系厘清》，载《江海学刊》2019年第5期。

第一节 "龙山经验"与乡村治理

党的十九届四中全会将"坚持和完善中国特色社会主义制度、推进国家治理体系和治理能力现代化"确定为全面深化改革的总目标。推进乡村治理体系和治理能力现代化建设则是实现乡村全面振兴、巩固党在农村执政基础、满足农民群众美好生活需要的必然要求。作为一个人口庞大的传统农业社会，通过乡村治理的不断探索，中国传统乡村正在向现代乡村社会迈进。[①]乡村治理的基本问题是如何认识农民和对待农民：如何认识农民，关乎治理理念；如何对待农民，关乎治理体系。实施有效的乡村治理是一项长期性战略，新时代的乡村治理站在新的历史起点上，面临新的任务。正如有学者明确指出，"改进乡村治理，办法在基层；乡村治理，永远是规划不出来的"[②]。因此，在乡村治理方面，"龙山经验"主要在于完善农村基层群众自治制度，健全村民委员会民主决策机制和村务公开制度，增强村民自我管理、自我教育、自我服务、自我监督能力，完善乡村治理体系，建设充满活力、和谐有序的善治乡村。

一、乡镇政权建设

我国乡镇政府的权责定位和职能构成长期以来处于不断的变动与发展之

---

① 丁志刚、王杰：《中国乡村治理70年：历史演进与逻辑理路》，载《中国农村观察》2019年第4期。

② 赵树凯：《乡村治理要尊重农民、容忍基层不同意见》，载澎湃新闻，https://baijiahao.baidu.com/s?id=1700893899135419971&wfr=spider&for=pc，2023年2月23日访问。

中。2009年公布的《中央机构编制委员会办公室关于深化乡镇机构改革的指导意见》对我国乡镇政府的职能进行了明确，指出乡镇不仅需要承担促进经济发展、增加农民收入，强化公共服务、着力改善民生的任务，还要致力于加强社会管理、维护农村稳定，推进基层民主、促进农村和谐。当前我国乡镇政府的法定职责由巩固基层政权、促进经济发展、提供公共服务、加强社会管理、维护社会稳定和办理上级政府交办的其他事项六部分构成，基本涵盖了巩固基层政权、促进经济发展、提供公共服务、加强社会管理、维护社会稳定等各个领域，兼有对辖区内（主要为农村区域）公共事务的管理和公共服务职责。要对乡镇政府的性质及职责内容有总体性把握，就需要从乡镇政府的法定职责切入。但要想全面深刻了解我国乡镇政府在实际工作过程中所担负的具体职责，把握乡镇政府职责的真实状况，就必须深入研究划分较为粗略的法定职责和较为原则性的规定。当前纳入乡镇政府考核范围的工作可大致划分为职能工作、中心工作、专项工作及加减分项四个项目，内容涵盖了经济建设、平安法治建设、生态建设、招商引资、重点项目推进、社会保障、教育卫生事业建设等公共服务和社会管理的各个领域。

（一）厘清乡镇政府治理职能

相对于街道办事处而言，乡镇人民政府享有的职权和相应的法律依据比较完善。首先，1982年宪法确定了我国农村行政区划分为乡、民族乡或镇，规定了乡、民族乡、镇设立人民代表大会和人民政府。其次，中共中央、国务院先后于1983年10月和1986年9月发布《关于实行政社分开建立乡政府的通知》和《关于加强农村基层政权建设工作的通知》，明确了各地乡镇政权在整个八九十年代要把发展乡镇企业、做好计划生育工作和指导村民自治作为工作重心，进一步对乡镇政权改革的具体任务和要求进行了明确。近二十年来，乡镇政府的职能在多次改革活动中得到明确、规范和完善。乡镇政权的基本定位也随着农村税费改革的完成逐步清晰，其中最关键的职能就是公共服务职能与社会管理职能，此外还包括一定的经济调节职能与市场监管职能。浙江省乡镇政权的内设机构随着2006年前后一系列政策和法规的出台进行了全方位的调整，通过这些法规和政策中明确的乡镇政权八项职能归口设置了多个综合性办公室及中心。这种改革和调整为乡镇政府管理带来的不仅是职责清晰与内设机构科学合理，还为其管理活动进一步提高透明度和效能奠定了坚实基础。

近年来，政府的自我革新能力随着"有限政府、服务政府、法治政府"的建设不断提升，具体表现为管理科学化与权力行使透明化。中共中央办公厅、国务院办公厅于2015年3月联合印发《关于推行地方各级政府工作部门权力清单制度的指导意见》，要求地方各级人民政府从合法性、合理性和必要性三方面对行政职权进行全面彻底梳理；逐项列明设定行政职权的法律依据并及时取消缺乏法律依据的行政职权。早在2014年，作为首个通过网络公开发布权力清单的省份，浙江省完完整整地发布了本省省、市、县三级政府部门的全部权力清单。其中，乡镇（街道）权力清单改革的主要任务就是对具体权力属性按照行政许可、行政给付、行政确认、行政征收、其他行政权力等分门别类。然而，永康市并未止步不前，而是在权力清单改革的基础上趁热打铁，迅速推进简政放权，在深化权力清单和责任清单工作的同时坚持"放管服"相结合，在多方面都取得了"最多跑一次"的突出成就。但要注意到的是，尽管乡镇权力职能改革取得了一系列突出进展，"事务大量增加，责任不断加强"的客观压力仍普遍存在于乡镇和基层的工作活动中。

（二）推进乡镇人大主席团建设

人民代表大会制度是符合我国国情和实际、体现社会主义国家性质、保证人民当家作主、保障实现中华民族伟大复兴的好制度，是我们党领导人民在人类政治制度史上的伟大创造，是在我国政治发展史乃至世界政治发展史上具有重大意义的全新政治制度。我国人民代表大会分为全国人民代表大会、省级人民代表大会、市级人民代表大会、县级人民代表大会和乡镇级人民代表大会五个层级。在乡镇人大制度建设层面，乡镇人大主席团可以在基层社会治理体系和治理能力现代化建设中发挥更加重要的作用，畅通人民群众诉求的表达渠道从而缓解信访压力。

1. 乡镇人大主席团的法理定位与功能拓展

人民代表大会主席团一般运行于人大开会期间，是人民代表大会会议期间的主持机构，但这在乡镇一级略有不同。根据《地方各级人民代表大会和地方各级人民政府组织法》（以下简称《地方组织法》）对于乡镇人大主席团功能和定位的相关规定，可以明确以下三点。第一，主席团不是乡镇人大在闭会期间的常设机关，虽然其在闭会期间仍然存续且履行一定工作职责，但每次召开乡镇人民代表大会都要选举主席团。第二，乡镇人大主席团在闭会期间行使程序性职权，并不具有国家权力机关的实体性权力。第三，乡镇人大主席与主席团在法律地位上存在一定立法冲突，乡镇人大主席、副主席每届任期与本级人民代表大会相同，作为主席团的当然成员，却不必像主席团每次开会需重新选举；但同时，《地方组织法》第十八条的规定体现出主席、副主席在工作层面需接受主席团领导，是办理主席团日常工作的人员。[①]这就意味着虽然主席、副主席在授权效力上高于主席团，但却是在主席团领导下办理主席团事务，这种立法上的冲突与紧张，一定程度上导致了实践中对主席团地位和作用的认识存有误区。[②]

就地方相关立法而言，当前[③]关于乡镇人大主席团的法律法规和文件中部分提到要建立乡镇人大主席团常态化工作机制，但大部分文件只是比较零散地提到了乡镇人大主席团的相关职责，如在某个具体条文中规定某项事务应当向乡镇人大主席团汇报，突出主席团的监督权；并没有专门为乡镇人大

[①] 《地方组织法》第十八条第三款规定："乡、民族乡、镇的人民代表大会主席、副主席在本级人民代表大会闭会期间负责联系本级人民代表大会代表，根据主席团的安排组织代表开展活动，反映代表和群众对本级人民政府工作的建议、批评和意见，并负责处理主席团的日常工作。"

[②] 参见广东省人大常委会办公厅综合处（县乡人大工作处）课题组、李翔宇、郑少和、郑婷茹：《乡镇人大主席团的法理定位及其实践探讨——以对G省1114个乡镇人大主席团履职的问卷调查分析为例》，载《人大研究》2021年第3期。

[③] 乡镇人大主席团现行有效的地方立法统计截至2022年2月25日。

主席团应发挥何种功能作出说明和规定。

从乡镇人大主席团相关法律规定来看，虽然乡镇人大主席团的定位在法律上存在诸多空白，但这并未从法律上否定其联系群众、听取和反映民意的功能，《地方组织法》便规定了乡镇人大主席团在本级人民代表大会闭会期间应"选择若干关系本地区群众切身利益和社会普遍关注的问题，有计划地安排代表听取和讨论本级人民政府的专项工作报告，对法律、法规实施情况进行检查，开展视察、调研等活动；听取和反映代表和群众对本级人民政府工作的建议、批评和意见"。因此，乡镇人大主席团具有发挥联系群众、听取和反映人民群众的建议和意见功能的潜力。但实践中，县级人大常委会的运作定位逐渐偏离了其作为闭会期间处理人大事务常设机构的定位，演化成基层人大的领导机关，并呈现浓重的行政化色彩，这种行政化色彩在其内部体现为等级分明的组织体系；在对外关系上则表现为乡镇人大通常将自身定位为执行县级人大常委会命令的派出机关，基层代表也将其履职活动视为完成人大常委会交办的任务。[1]有学者通过实证研究得出结论，"乡镇人大工作面临的主要问题是行权履职不充分、代表的作用发挥不充分和管理滞后于新时代要求"[2]，乡镇人大主席更多的是参与党委政府日常工作，人大代表的群众联系工作开展得并不充分。

2.人大代表联络站

人大代表集民主性、代表性和监督性于一身，经过实践检验能够很好地推动制度优势转化为治理效能。永康市人大常委会、市人民法院、市慈善总会以打造新时期人大代表参与基层社会治理的新模式为目标，整合社会各界力量及各类资源，于2019年12月3日共同成立了"龙山经验"人大代表联络站。联络站是以司法监督、矛盾纠纷化解、当事人救助为主要内容，不断延

---

① 参见王龙飞：《民主的平台期：当代中国基层治理中的县级人大常委会》，载《东南学术》2015年第3期。

② 张衍霞、王延超：《当前乡镇人大工作面临的问题及对策研究——基于对山东省17市104位乡镇（街道）党委书记的访谈》，载《理论学刊》2018年第4期。

伸法院司法职能、人大监督渠道、代表履职形式的基层治理平台，通过"代表说理、法官说法"，为化解矛盾纠纷、防范社会风险隐患提供了极大帮助。联络站选取了48名四级人大代表作为联络员，覆盖永康16个镇（街道、区），充分发挥人大代表密切联系群众的优势，通过列席审委会、旁听庭审、参与执行等方式零距离接触法院工作，见证裁判形成、强制执行过程，发现审执过程中的司法规范化等问题，确保司法公开；同时接受法院立案前委派和立案后委托，对矛盾纠纷进行调解处理，为人民群众提供更多元、更高效、更便捷的纠纷调解服务。不仅如此，代表们还自发筹集了400万元救助资金对生活确有困难的当事人开展救助行动。截至2022年3月1日，联络站已有834人次人大代表参与调处、会商各类矛盾纠纷244件，通过发放107.38万元的救助金成功推动了225件标的额总计2.01亿元的案件化解。

（1）"龙山经验"人大代表联络站的运行模式

"三方合力"打造矛盾纠纷的"调解站"。"龙山经验"人大代表联络站作为习近平法治思想在基层的有效实践，通过"代表说理、法官说法"，为化解矛盾纠纷、防范社会风险隐患提供了极大帮助。一是统筹协调、高标配置。整合人大常委会、法院、慈善总会、人大代表四方资源，联合构建联络站，由人大常委会代表与选任工委主任担任站长，副主任担任副站长。二是分工明确、有效衔接。由人大常委会负责代表选派和日常联络；法院做好诉调对接、法律指导、司法确认、案件执行等工作；慈善总会负责相关资金管理。三是纠纷化解贯穿全程。通过对矛盾纠纷进行"多渠道收集、一个口子归集、扇形分流"过滤筛选后，按照属地、案件性质等，将收案指派给特定代表参与全过程化解，实现矛盾纠纷"诉前快速调、诉中精准治、诉后实质解"。

"三项优势"搭建沟通群众的"连心站"。一是发挥党委领导优势。联络站党员数量占总人数的79%。充分发挥人大常委会、法院、各镇（街道、区）党组织战斗堡垒、党员代表先锋模范作用，深入群众，听民声、察民情。二是发挥人民民主优势。人大常委会综合考量身份、职业、地区等因素，选取的代表来自全国、省、市、县4个层级，覆盖16个镇（街道、区），涵盖各类人才。三是发挥法治保障优势。法庭职能前移，主动排查适宜通过非诉讼方式解决纠纷的案件，并通过"一对一"交流、"点对点"探讨、"面对面"培训等方式开展法律指导。

"三种渠道"完善权力运行的"监督站"。联络站为代表们提供一种更深入地见证、参与审判执行权运行的新监督渠道和方式，为今后人大审议工作报告、表决立法、提出议案等提供参考。一是在参与中"找问题"。主动邀请人大代表"监督法院执行"，并依法吸纳其为人民陪审员，通过人大代表零距离接触法院工作，发现审执过程中的司法规范化等问题。二是在观摩中"提建议"。通过列席审委会、旁听庭审等方式见证裁判形成过程，确保司法公开。三是在评议中"问实效"。通过专项视察"切实解决执行难"、"助推基层治理体系和治理能力现代化"、参与"两官"履职评议等活动，促进法院各项工作质效提升。

"三个明确"构筑当事人纾困解难的"救助站"。代表们自发筹集了400万元救助资金，决定针对生活确有困难的当事人开展救助行动。一是明确救助范围。永康市人大常委会、市人民法院、市慈善总会联合出台《救助案件办理规定（试行）》规定对因权利受到侵害而无法通过法律程序获得有效赔偿等四类生活困难当事人进行辅助性救助；明确虚假诉讼、重大过错等四类不予救助情形。二是明确救助程序。规定救助金发放需由2名以上人大代表确认，并经法院发起、人大代表联络站审核、慈善总会专项支付。对存在挪用救助资金、弄虚作假等五种情形的，严肃追究联络站工作人员责任、依法追回或责令退赔救助资金。三是明确资金管理。对人大代表自主筹集的400万元救助资金，由慈善总会实行专人专户管理，确保"一案一表"。人大代表联络站及时整理救助资金明细情况，自觉接受纪检监察和审计部门的监督，确保专款专用。

（2）基层人大代表在联系各方上具有身份优势

基层人大代表由选民直接选举产生，密切联系人民群众是人大代表的职责，作为民选代表也不应与人民群众产生距离感。同时，作为权力机关组成人员，人大代表享有获取各类信息、审议各机构部门报告、提出质询以及表决任免行政、司法机关主要领导的权利①，这使得人大代表又有着便于联系各相关行政部门、司法部门、社会组织和企事业单位的优势。"龙山经验"人大代表联络站主要围绕永康市人民法院的相关案件开展工作，虽有一定成效，但其接待群众、联系群众的范围仍然不足。基层人大有县乡两级，基层人大代表联络机构理应至少覆盖至乡镇一级。尽管基层人大代表联络机构围绕法院案件展开工作具有准确性和针对性，但纠纷发生时人民群众通常不会将诉讼作为首选救济方式。因此，为了充分联系群众、收集民意、预防基层社会治理中的重大决策失误，作为民意整合平台的人大代表联络站的设立应当进一步下沉至乡镇一级。在社会矛盾纠纷一站式解决体制机制较为完善的地区，可以依托矛调中心等进行人大代表联络站建设，实现镇、村全覆盖。人大代表参与基层社会矛盾纠纷化解不应止步于个案。"龙山经验"人大代表联络站的基层社会矛盾纠纷以个案化解为主，但其中部分案件存在共性问题，例如有多起被执行人在因犯故意伤害罪、交通肇事罪等被判处有期徒刑但执行完毕后拒绝履行民事赔偿义务的案件，其原因大同小异——被执行人认为"坐牢后就不需要赔钱"。针对此类共性问题，基层人大代表便可以在总结归纳的基础上向有关部门提出开展相关普法教育的建议，减少此类拒不执行民事部分判决现象的出现。与走出法院、走向基层相对应，在人民群众意见日益复杂化的今天，基层人大代表联络机构应充分发挥民意整合功能，承担基层政府和人民群众之间的中介作用，进而促进政府部门与基层社会之间相互了解，避免双方在事务性问题上的误判，防止群体性事件的发生或扩

---

① 《全国人民代表大会和地方各级人民代表大会代表法》第三条规定："代表享有下列权利：（一）出席本级人民代表大会会议，参加审议各项议案、报告和其他议题，发表意见；（二）依法联名提出议案、质询案、罢免案等；（三）提出对各方面工作的建议、批评和意见；（四）参加本级人民代表大会的各项选举；（五）参加本级人民代表大会的各项表决；（六）获得依法执行代表职务所需的信息和各项保障；（七）法律规定的其他权利。"

大，降低不良社会势力参与的可能性。①

3.充分发挥乡镇人大主席团群众联系功能

（1）明确代表联络站法律地位，建立健全联络机构体制机制

密切联系群众是人大代表的职责。然而，在设立代表联络站之前，乡镇人大主席更多的是参与到党委政府日常工作中，人大代表的群众联系工作开展得并不充分。2015年，《中共全国人大常委会党组关于加强县乡人大工作和建设的若干意见》作出"建立健全代表联络机构""推动代表联络机构面向选区选民，公开代表基本信息"的部署后，各地代表联络站建设取得重大进展。代表联络站的设置，既避免了代表个人工作室与我国代表制度的不协调，也为集中组织代表接待联系群众提供了必要的阵地和平台，体现了基层民主的真谛。目前，《全国人民代表大会和地方各级人民代表大会代表法》第三章"代表在本级人民代表大会闭会期间的活动"主要规定了集中视察、专题调研、代表小组活动和提出代表建议等内容，建议在第三章中增加建立健全代表联络机构功能定位、运行机制等内容（具体措施可参照"龙山经验"人大代表联络站的做法），并明确代表联络机构负有面向选区选民公开代表基本信息、代表定期进站接待选民群众、开展履职活动、定期向原选区选民报告履职情况等义务。

（2）充分发挥乡镇人大主席团密切联系群众、化解社会矛盾纠纷的作用

从"龙山经验"人大代表联络站的矛盾纠纷化解实践来看，其中既有当事方之间纯粹利益冲突引发的纠纷，也有制度缺陷导致的社会矛盾。在乡镇人大主席团缺位的情况下，大量本应通过人大代表提交建议和意见来解决的群众诉求就会进入信访渠道，使得民意集成和问题反映相混淆，久而久之造成"信访不信法"的局面。根据《地方组织法》的相关规定，乡镇人大主席团及人大代表在闭会期间应充分发挥"上接天线，下接地气"

---

① 张翔：《城市基层制度变迁：一个"动力—路径"的分析框架——以深圳市月亮湾片区人大代表联络工作站的发展历程为例》，载《公共管理学报》2018年第4期。

的身份优势，深化落实"双联系"工作，通过人大代表联络站等方式密切联系群众、收集群众诉求，再联络各职能部门共同化解社会矛盾纠纷，并开展代表建议意见办理工作"回头看"活动，推动代表建议意见办理工作落地见效。

（三）建设基层治理"四个平台"

习近平总书记强调，加强和创新社会治理，关键在体制创新，核心是人，社会治理的重心必须落到城乡社区。[①]永康市全面落实浙江省"四个平台"建设目标，积极探索符合当地实际的具体方式方法，全面推进基层治理现代化。

第一，建设综治工作平台，发挥安全保障的重要作用。综治工作平台以乡镇（街道）综治办（科）为主体，统筹乡镇（街道）人武部和司法所、公安派出所、派出法庭、派出检察室等单位力量，充分发挥乡镇（街道）社会治理中心的综合协调作用，承担基层平安建设与综合治理等功能。综治工作平台协调组组长由乡镇（街道）党（工）委副书记担任，成员包括乡镇（街道）综治办（科）、人武部、司法所、公安派出所、派出法庭、派出检察室等单位负责人，日常管理协调工作由乡镇（街道）综治办（科）承担。平台工作任务主要包括：完善基层社会治理"一张网"体系，逐步固化网格；实现"浙江省平安建设信息系统"与"网格化管理、组团式服务"两网融合，协调处理网上网下各类信息，做到一网联动、限时办结，推进社会共治；组织开展排查化解社会不稳定因素和矛盾纠纷、排查整治社会治安顽疾与公共安全的突出问题，推动基层平安建设。[②]

第二，建设市场监管平台，加强重点领域治理和完善日常监管。市场监

---

① 《习近平参加上海代表团审议》，载中国人大网，http://www.npc.gov.cn/zgrdw/npc/xinwen/2014-03/06/content_1839144.htm，2023 年 6 月 19 日访问。

② 余钊飞：《新时代"枫桥经验"在余杭社会治理中的展开》，载公丕祥主编：《中国法治社会发展报告》，社会科学文献出版社 2020 年版，第 134—135 页。

管平台以乡镇（街道）食安办为主体，加强与派驻乡镇（街道）市场监管所和农业、卫生等站所的联动，承担面向市场主体的行政监管和执法功能。市场监管平台协调组组长由乡镇（街道）分管领导担任，乡镇（街道）食安办、市场监管所以及农业、卫生等站所负责人为成员，乡镇（街道）食安办承担日常协调管理工作。平台工作任务主要包括：建立和完善"双随机"抽查机制，制订并实施与综合行政执法相结合的联合抽查计划，加强抽查结果运用，规范事中事后监管；推进随机抽查与社会信用体系建设相衔接，依托政府企业信用联动监管平台，将随机抽查结果纳入市场主体的社会信用记录，建立健全市场主体诚信档案、失信联合惩戒和黑名单制度；强化生产经营者主体责任，加大对食品药品、儿童用品、建筑材料等重点商品的市场检查和质量抽检力度，强化重点领域治理和日常监管。[1]

第三，综合执法平台统一协调执法力量。综合执法平台以派驻乡镇（街道）综合行政执法中队为主体［综合行政执法中队未覆盖的乡镇（街道）以综合行政执法办公室为主体］，统筹乡镇（街道）综合行政执法办公室、国土资源管理所、环保监察中队、交通运管中队（所）等方面力量，承担一线日常执法巡查和现场监管职能。组建综合执法平台协调组，组长由乡镇（街道）分管领导担任，乡镇（街道）综合行政执法办公室、派驻乡镇（街道）综合行政执法中队、国土资源管理所、环保监察中队、交通运管中队（所）等与综合执法关系密切的基层派驻机构负责人为成员，派驻乡镇（街道）综合行政执法中队［乡镇（街道）综合行政执法办公室］承担日常管理协调工作。平台工作任务主要包括：建立乡镇（街道）行政执法统筹协调指挥机制，统一协调指挥、统一考核监督，加强联合执法、加强应急配合，实现与上级统筹协调指挥机制的全面对接；建立行政执法定期会商制度，通报工作情况；依托浙江政务服务网，建立统一的行政执法信息平台，强化执法部门、

---

[1] 余钊飞：《新时代"枫桥经验"在余杭社会治理中的展开》，载公丕祥主编：《中国法治社会发展报告》，社会科学文献出版社2020年版，第135页。

各平台之间及与刑事司法部门的配合协作。[①]

第四，便民服务平台将各类公共服务和便民服务功能延伸至基层。便民服务平台统筹乡镇（街道）民政、计生、人力社保、城镇村镇建设、社区服务、行政审批等方面的力量，加强与医疗、卫生、文化、农技、司法行政等基层站所的协作联动，承担基层各类公共服务和便民服务功能。组建便民服务平台协调组，组长通常由乡镇（街道）分管领导担任，乡镇（街道）社会事务管理办公室（科）、社区公共服务中心（便民服务中心）、进驻窗口部门（站所）等公共服务机构负责人为成员，乡镇（街道）社会事务管理办公室（科）承担日常管理协调工作。平台工作任务主要包括：办好乡镇（街道）便民办事（服务）大厅，拓展便民服务功能，实行集中办公、集约管理、集成服务；建立健全服务窗口运行管理制度，一窗受理、协同办理、限时办结；全面梳理公开乡镇（街道）、村（社区）服务事项，将浙江政务服务网向乡镇（街道）延伸，推进网上审批。[②]

二、基层群众自治建设

"自治"是相对于"他治"来说的一个基本概念，是社会治理的基础。自治并非凭空而来，而是我国在长期实践过程中总结出来的。中国乡村有自治的历史渊源与传统基因。传统社会，国家无力构建起一个将皇权下沉至广大乡村社会的庞大官僚体系，皇权基本局限在县级及以上进行行政管理和治理，县级以下的乡村社会则长期维持"乡绅自治"。费孝通将其解释为"双轨政治"；温铁军则认为这一现象是"皇权不下县"的具体体现；费正清提出了帝制中国是一个上下分层治理结构和组合的观点，并认为传统中国下层或底层社会的治理是以士绅为基础的，国家权力并不直接进入；马克斯·韦

---

① 余钊飞：《新时代"枫桥经验"在余杭社会治理中的展开》，载公丕祥主编：《中国法治社会发展报告》，社会科学文献出版社2020年版，第135—136页。

② 余钊飞：《新时代"枫桥经验"在余杭社会治理中的展开》，载公丕祥主编：《中国法治社会发展报告》，社会科学文献出版社2020年版，第136页。

伯也发现，皇权的统辖只施行于都市地区和次都市地区，出了城墙的村落则是准官员的自治地区。[①]

近代以来，特别是新中国成立以来，现代化的进步和发展加上国家政权的下沉，打破了原有的基层治理格局和平衡，国家通过"动员体制"和"全能主义"迅速实现了对基层社会的全面领导。改革开放后，家庭联产承包责任制代替了原有的政治、经济、生活一体化的人民公社制度。这种制度全面激活了农村改革发展的活力，但是由于国家权力的迅速退出，农村基层社会原有的组织体系"失灵"，使得社会管理出现"真空状态"。1980年，广西壮族自治区河池市宜州区屏南乡合寨村探索成立了全国首个村民委员会，其自治成效明显，有效维护了农村社会管理秩序，激发了社会活力。由此，1982年宪法首次以国家根本法的形式确定了基层群众自治制度，并向全国推广。永康乡镇建置始于唐代的乡里制，一千多年来，乡镇体制、规模和范围多次变化。明代以前区域划分不详，明代开始分乡，有明确的区域划分记载。中华人民共和国成立后，乡镇区划调整较为频繁。尽管各乡镇政区范围时有变动，但各地自然环境、经济状况、文化积淀乃至民情风俗、生活习惯等方面都保持着各自的地域特色。

"龙山经验"坚持"调解优先、诉讼断后"的解纷理念和分层递进的矛盾纠纷过滤体系，广泛依靠人民群众自我管理来实现其功能，不断完善民主协商、民主监督，切实保障人民群众的知情权、建议权、监督权、评议权，让群众更自由、充分地享受民主权利，在法律保障之下议事、主事、监事，满足了人民群众多元的司法需求，充分体现人民当家作主的自发性和积极性，逐渐形成"人人有责、人人尽责、人人享有"的基层社会治理共同体。

---

① 钟海、任育瑶：《"三治融合"乡村治理体系研究回顾与展望》，载《西安财经大学学报》2020年第4期。

（一）村民自治组织建设

《中共中央 国务院关于加强基层治理体系和治理能力现代化建设的意见》明确提出，健全基层群众自治制度的要求：一是加强村（居）民委员会规范化建设；二是健全村（居）民自治机制；三是增强村（社区）组织动员能力；四是优化村（社区）服务格局。"龙山经验"契合了上述中央对村民自治组织建设的规定，并结合当地实际情况提出村民自治组织建设的具体措施。

1.成立村民委员会

1984年永康全县首次举行村民委员会选举，通过全面发动、进行选民登记，按法定时间于选举前20多天公布选民名单，遵循村民委员会选举的各项法定程序，召开村民选举大会，以无记名投票方式选举产生了各村村民委员会主任、副主任和村委成员。全县以建制村为单位，通过民主选举建立村民委员会715个。至1992年，连续两届村民委员会均由市委、市人民政府组织选举产生。同年永康撤县建市，根据当年的行政区划，建立了716个村民委员会。经过数次建制村调整，2021年，全市共有村民委员会402个。

2.成立村务监督小组

根据《中共中央办公厅、国务院办公厅关于健全和完善村务公开和民主管理制度的意见》规定，村务监督小组成员由村民代表会议从村干部及其配偶、直系亲属以外的村民代表中产生。村务监督小组成员的职责是：参与会议并监督决策；监督三项制度执行；对财务事项发生前的原始凭证进行集体审核；参加镇、街、区党委（党工委）对村干部的年终评议考核。对不履行职责的小组成员，经村级班子提议，村民会议或村民代表会议有权予以撤换。全市村务监督小组，在第七届村民委员会换届选举中，经村民推选建立。

3.成立基层公共卫生委员会

在疫情防控新形势下，基层治理尤其是乡村治理面临着诸多新的挑战，

"需要从战略高度把握乡村治理发展规律，从实践角度对治理方式进行创新和总结"，做到"顶层设计与摸着石头过河相结合"。[①]如在2021年8月疫情防控期间，龙山基层公共卫生委员会坚持以网格长为主，全面掌握管辖网格内居民14天以内轨迹动向情况，开展逐户测温、消杀等标准化疫情防控服务，落实特殊情况报告制度，确保各项工作健康有序运行。

在开放、流动的农村社会结构中，信息共享和传播是实现乡村社会有效治理的重要支撑。基层公共卫生委员会在乡村疫情防控中引入信息化手段，解决建制村管辖范围加大、疫情防控难度提升等问题。龙山基层公共卫生委员会通过农村社区服务媒介化、治理信息化为广大农村社区居民提供更加便捷的公共服务，既有助于推动政府公共服务向农村基层延伸，提升基层政府和村级组织治理效能，也有助于实现城乡基本公共服务一体化的目标。如在2020年1月疫情防控期间，龙山基层公共卫生委员会通过构建离村农民参与管理、自我服务的媒介通道，解决了快速流动的基层社会所面临的疫情防控难题。

（二）龙山法庭助推村民自治

卢梭曾指出："一切法律中最重要的法律，既不是刻在大理石上，也不是刻在铜表上，而是铭刻在公民的内心里。"[②]汪世荣认为，中国具有悠久的基层自治传统和特色的基层自治制度，以家族、乡村和行业自治作为基层社会治理的基本手段。只有自上而下和自下而上相结合，在互动的基础上形成治理的合力，才能达到社会治理的最佳效果。[③]"龙山经验"坚持发挥"从群众中来，到群众中去"的优良作风，坚持法治的同时又兼顾了基层自治法律

① 王艳：《乡村治理"三治合一"的内在逻辑、现实困境与优化路径》，载《行政与法》2021年第7期。
② ［法］卢梭：《社会契约论》，李平沤译，商务印书馆2011年版，第48页。
③ 参见：《政法队伍教育整顿专辑 | 我院召开队伍教育整顿专题讲座》，载微信公众号"永康市人民法院"，https://mp.weixin.qq.com/s/MlHXwNL2Qw0ZhVU9kIBw0A，2023年4月9日访问。

规定和传统习俗，这种情、理、法交叉融合的工作方法更易为群众所接受。龙山法庭把工作置于党委、政府的大治理格局中，充分发挥业务的指导者、调解力量的培育者、化解体系的推进者、最终的裁判者等作用，将职能前移，以诉讼断后，推动矛盾纠纷多元化解工作依法化、规范化、制度化，具体举措主要有以下几个方面。

第一，强化党建引领。依托"党建+网格"，龙山法庭发挥党建引领作用，充分发动群众参与矛盾纠纷化解。一是落实支部责任。将支部书记抓社会治理成效与抓党建成果同步考核，形成支部书记参与重点对象包案化解、支委成员参与民情接访、全体党员参与纠纷矛盾排除的维稳工作格局，使党组织成为基层治理的领导核心。二是坚持"一巡三查"①。通过各党支部"党建带群建"，广泛组织发动党员干部、团员青年、妇女群众等力量，以"一巡三查"活动为抓手，下沉到各个网格中，就地发现、化解矛盾纠纷。通过"红色网格"牵线搭桥，精准排摸查找对当事人影响较大的密切关系人，并充分发挥该关系人了解实际情况、易于说服当事人接受其观点的优势，借力落实矛盾纠纷化解工作。

第二，提供法治支撑。龙山法庭以"法庭培养调解骨干，骨干帮扶其他调解组织成员"模式，建立调解人才库和法庭信息网。2013年至2022年10月，法庭与重点村、企结对帮扶，在6个试点村设立法庭指导工作室，共进村进企走访、提供法律咨询2000余件次，开展大型法律讲座百余次，开展巡回审判20件次，对个案分析、抽样阅评调解协议100余件，以电话、微信解答法律咨询1500余次。辖区群众特别是治调人员的法律素养显著提升，需要法庭介入业务指导的纠纷调解数量也直线下降，法庭诉前指导调解案件由2014年的239件下降到2021年的11件，调解员从"不敢调""不会调"变成了"乐于调""熟练调"。尤其是与龙山、西溪两镇党委联合推出了"今日我

---

① "一巡三查"，是指由永康市综治办、市委组织部、市直机关工委、市总工会、团市委、市妇联联合牵头的"巡治安"，查"五水共治"、查垃圾分类、查交通治堵活动。

当值"活动，村干部在法庭学调解，走进法庭做调解，走出法庭宣讲法律，两镇党委将其履职表现纳入村干部季度、年终考核和党员星级评定。此项活动自2018年6月起实施，逐渐引导辖区基层干部、群众形成了"遇事情找法，解决事情靠法"的观念。[①]

第三，搭建网格调解。一是建立一村一网体系。以各个村为基本单位，建立"一张网"的综合治理体系，在网格内定人员、定职责，建立网格长主导、网格员带头、村民共同参与的村级自我管理、自我监督机制，确保网格内发生的纠纷能在第一时间介入、第一时间调处、第一时间上报。二是明确网格调解流程。在编织好的网格基础上，明确网格调解的流程，发现纠纷时，网格员第一时间介入进行调解，调解不成功的，上报网格长由其调解，矛盾无法解决的再由村委会主任、党支部书记出面进行调解。

第四，压实村级责任。首先，压实网格员责任，要求网格员、党员代表耕好自己的"责任田"，第一时间排摸发现、就地化解网格内的矛盾纠纷，对于个人无法化解的矛盾要及时上报，以便第一时间把矛盾纠纷化解在萌芽状态，对矛盾纠纷上交而网格未发现的，实行责任倒查。其次，压实村主职干部责任，提高村主职干部主动参与矛盾化解的意识，将其参与矛盾纠纷化解的工作情况列为干部绩效考核、各类评优评先的重要依据，对落实矛盾调处不及时、不到位的，将视情况取消村班子和主职干部的考核评优资格，并予以通报批评。党员干部在矛盾纠纷调处过程中有突出表现的，各部门要及时报送镇党委政府，镇党委政府将以此为党员星级评定、干部评优评先加分的依据。通过以上机制，基层自治得以在法治的框架下更加规范有序地进行。

（三）"龙山经验"推动基层群众自治

随着基层治理体系日益健全，基层政府和基层群众性自治组织社会治理

---

① 参见：《今日我当值 | 25年前的纠纷，我找"同事们"给你评评理！》，载微信公众号"永康市人民法院"，https://mp.weixin.qq.com/s/1Bct0IMDxqvboTRKiilgUQ，2023年4月10日访问。

能力显著提升，社会各方参与治理的积极性大大提高。永康市各地在实践中把治理与服务、治理与建设结合起来，因地制宜地进行创新和探索，基层治理不断展现新面貌、新气象。一直以来，"龙山经验"坚持在基层群众自治的基础上开展基层社会治理实践创新，充分发挥基层群众组织的作用，把基层群众组织起来、凝聚到基层社会治理各方面，依靠群众自身力量把基层社会治理好，把基层矛盾调解好。从这样的实践探索出发，本书认为只有摒弃"司法全能主义"，树立有限司法理念，激发社会组织活力，构建多元解纷体系，才能实现基层治理体系和治理能力现代化。"调解优先、诉讼断后"是"龙山经验"开展自治的创新形式，通过探索建立调解人才库、发展党建网格员、开展村干部法庭当值等形式，开展灵活多样的调解活动，加快实现民事民议、民事民办、民事民管。

案例23：2019年秋，永康市花街镇某村潘某、倪某因相邻田块引水灌溉问题发生纠纷，导致肢体冲突而受到治安处罚，但当时花街镇在农事行为规范方面还没有明确的约束说明。为了防止类似纠纷再发生，双方当事人向永康市花街镇矛调中心申请调解。经过调解，双方自愿达成如下协议：一是潘某做好自己田内的水行坑（注：水行坑即供相邻田块灌溉时水路专用通道），允许倪某引水灌溉；二是倪某在引水灌溉时保证做到上流下接，不挖低上田的田缺石，确保潘某田内水不外流；三是潘某自愿将遮盖在倪某田块上方的毛竹砍掉，并留出3米的空距。2020年5月20日，当事人潘某、倪某按时到花街镇矛调中心，首先由当事人倪某表达诉求，为了杜绝纠纷再发生，倪某明确要求潘某给予引水灌溉的方便，希望潘某不再无理阻挠，其次要求潘某将田边遮阴的毛竹砍掉，以免影响农作物的光合作用而导致减产。另一方当事人潘某也认为没有规矩不成方圆，应该立个规矩，以免倪某引水灌溉时再次损害自家的利益，更不能为这种琐事再发生反目成仇的蠢事。调解员老陈首先肯定双方当事人的出发点是善意的，虽然并没有可明确适用以规范相关农事行为的法律条文，但并不意味着就没有针对这些问题的既有规矩。调解员把以前农事方面的好规矩、好习俗讲解开来，以前因为水利设施非常落后，夏、秋两季是农田用水高峰期但却时常干旱少雨，为了防止农田用水引发纠纷，老祖宗规定了一整套不成文的好规矩，如"引水灌溉水行坑，上流下接不用争""上田历来管下堪，树枝之水不滴禾"等。这些通俗易懂的公序良俗，至今对规范相邻田块农事管理仍有一定的约束力，双方都应该秉承和发扬。调解员还指出了双方各自的错误，倪某在没有上游来水的情况下，擅自从潘某的田里放水到自家田里不妥；潘某山上的毛竹遮挡到倪某的田地上方而影响农作物生长也应妥善改进。经过调解员耐心地说服开导，当事人双方认识到了自己之前的鲁莽，并表示今后一定遵守公序良俗，规范自己的农事行为，以做到与邻里之间彼此关照、和睦相处。

在调整国家层面的问题时，宪法和法律具有最高的效力。同样，在调整村民具体管理事务时，村规民约就是村庄和社区的"小宪法"。①国家法的局限性需要村规民约这些承载村民价值观的社会规范来弥补，同样这种弥补应当具备一定的自主性、独立性。村规民约是村民自治的具体体现，本案中，由于所涉农事行为并没有相关的法律法规规定，调解员便使用了自古流传下来的不成文的规矩进行调解，充分尊重了村民长期社会生活所积累的传统、经验、习惯和科学的农事管理规则。

三、未来乡村建设

实施乡村振兴战略，是全面建设社会主义现代化国家的重大历史任务，为此国家顶层设计中也制定并实施了一系列乡村治理的文件，在实施乡村振兴战略的基本原则中，中央强调要坚持农民主体地位，充分尊重农民意愿，保障农民民主权利和其他合法权益，调动农民的积极性、主动性、创造性，维护农民根本利益。在全面贯彻实施乡村振兴战略中，中央要求发展农村社会事业，促进公共教育、医疗卫生、社会保障等资源向农村倾斜；健全乡村便民服务体系，培育服务机构与服务类社会组织，增强生产生活服务功能；

---

① 张弥：《村规民约与社区管理创新》，载《科学社会主义》2016年第6期。

完善城乡统筹的社会保障制度，支持乡村提高社会保障管理服务水平等。[①]下文将以"龙山经验"的乡村治理实践为典型案例，着眼于国家未来乡村建设的基本思路、需要应对的新挑战以及亟待厘清的三个基本问题，来初步描摹新时代的乡村治理图景。

（一）新时代乡村治理的基本思路

新中国成立70多年来的乡村治理实践，无论在中国历史上还是在世界历史上，都具有重大的理论与实践意义。现如今，经过全党全国各族人民持续奋斗，我们实现了第一个百年奋斗目标，在中华大地上全面建成了小康社会，历史性地解决了绝对贫困问题，正在意气风发向着全面建成社会主义现代化强国的第二个百年奋斗目标迈进。进入新时代，要用历史与逻辑相统一的观点和方法，指导乡村治理更加理性和自觉地行动。[②]一是始终紧扣乡村治理现代化目标。新时代的乡村治理，一方面要把乡村振兴战略和国家"两个一百年"奋斗目标有机结合起来；另一方面要着眼于解决好"三农"问题，注重农业、农村和农民现代化的协同共进。二是充分发挥各类治理主体的作用。《中共中央 国务院关于实施乡村振兴战略的意见》中提出，要加强农村基层基础工作，构建乡村治理新体系。实施乡村振兴战略，构建乡村治理体系，就要充分发挥各类治理主体的作用，实现协同共治。首先是党的领导，其次是政府负责，再次是组织协同，最后是法治保障。三是紧紧抓住乡村治理现代化的各类矛盾。党的十九大报告提出，我国社会主要矛盾已经转化为人民日益增长的美好生活需要和不平衡不充分的发展之间的矛盾。新时代乡村治理必须要着眼于乡村不平衡不充分的发展问题，紧紧抓住乡村治理现代化中的各类矛盾，通过化解这些矛盾，实现乡村科学发展与有效治理。

---

① 蒲晓磊：《为全面实施乡村振兴战略提供法治保障——解读乡村振兴促进法》，载《法治日报》2021年5月11日，第5版。

② 丁志刚、王杰：《中国乡村治理70年：历史演进与逻辑理路》，载《中国农村观察》2019年第4期。

四是不断深化乡村治理方式的改革。深化改革没有完成时只有进行时，新时代乡村治理要不断深化治理方式改革，坚持用制度引导和规范乡村治理，用法治思维推进乡村治理，用灵活有效的政策调控乡村治理。①

（二）乡村治理面临的挑战与应对

目前，我国农村和农业都处于转型时期，发展面临新的不确定性。新时期乡村振兴战略的实施需要直面以下几个问题：一是乡村空心化；二是乡村躁动②；三是经济发展缺乏内生动力，后劲不足；③四是环境污染；五是城乡差距依然较大。农村依然很难留住资金、技术、人才，这些核心资源要素继续从农村向城市单向流动，④城市"反哺"农村、城乡协调发展还有很长一段路要走，这是新时代实施乡村振兴战略的"硬骨头"和"深水区"。⑤具体而言，以下几个方面是乡村振兴的关键所在。

一是厘清乡村治理的主体。党的十九届五中全会通过的《中共中央关于制定国民经济和社会发展第十四个五年规划和二〇三五年远景目标的建议》中强调，要"加强和创新社会治理。完善社会治理体系，健全党组织领导的自治、法治、德治相结合的城乡基层治理体系，完善基层民主协商制度，实现政府治理同社会调节、居民自治良性互动，建设人人有责、人人尽责、人人享有的社会治理共同体"。"龙山经验"通过创新工作理念、完善工作举措和思路，推动社会重心向基层下移、向基层放权赋能，创造了人人有责、人

---

① 丁志刚、王杰：《中国乡村治理70年：历史演进与逻辑理路》，载《中国农村观察》2019年第4期。

② 意即对未来的不确定感增强，对原有道德、伦理和秩序的认同感降低，价值取向逐渐多元化的一种状态。

③ 马晓河、刘振中：《农村基础设施和公共服务需要明确攻坚方向》，载《中国党政干部论坛》2020年第1期。

④ 张强、张怀超、刘占芳：《乡村振兴：从衰落走向复兴的战略选择》，载《经济与管理》2018年第1期。

⑤ 郭晓鸣：《乡村振兴战略的若干维度观察》，载《社会科学文摘》2018年第7期。

人尽责、人人享有的社会治理新格局，充分体现了"以人民为中心"的发展理念，具有鲜明的时代特色和法治特征。具体做法主要体现在各级党委、基层政府及村委会、村民的参与之中：首先，各级党委高度重视并统筹推进，明确村党组织在乡村治理中的引领作用，通过推动带头人和班子队伍整体提升来优化村党组织领导力。其次，发挥好基层政府及村委会的作用，政府承担起应有的责任，组织各方面的治理资源投入乡村治理中。再次，企事业单位、社会团体、社会组织发挥作用，特别是通过孵化、培育、扶持帮助公益性社会组织成长并发挥其专业化的作用。最后，动员更多的村民积极参与，可以通过自助、互助等多种形式参与到乡村治理中去。①

二是明确乡村治理的重点。乡村治理的重中之重，是将加强基层党组织建设放在首要位置，切实发挥好党支部和党员在乡村治理中的领导者角色。此外，乡村治理要以农民为核心，紧紧围绕农村人口、农村发展的需要，注重提高农民的获得感、幸福感、安全感。乡村治理不能仅限于对治安秩序的维护，要注重民生保障和服务、社会风尚习俗的引导；要注意推动社会主义核心价值观的落实，融入文明公约、村规民约、家规家训，提高农村的文明程度。②

三是把握乡村治理的路径。党的十九大报告提出了加强农村基层基础工作，健全自治、法治、德治相结合的乡村治理体系的具体要求，为乡村治理指明了路径。③自治、法治与德治"三治结合"的乡村治理体系体现了坚持党的领导、人民当家作主和依法治国的有机统一，实现了涵养人格美德、净化文明乡风、建设美丽乡村的多重目标，是现代化国家治理体系和治理能力的重要组成部分。④

---

① 张春龙：《乡村治理需要弄清三个基本问题》，载《学习时报》2020年3月4日，第7版。

② 于健慧：《社会组织参与乡村治理：功能、挑战、路径》，载《上海师范大学学报（哲学社会科学版）》2020年第6期。

③ 张春龙：《乡村治理需要弄清三个基本问题》，载《学习时报》2020年3月20日，第7版。

④ 陈进华：《健全自治法治德治相结合的乡村治理体系》，载《光明日报》2018年10月23日，第6版。

第二节 "龙山经验"与群体治理

外来流动人口、妇女儿童等群体在工作、生活、学习中处于弱势地位，其合法权益相对容易受到侵犯且在维护自身合法权益上存在困难。因此，在"龙山经验"指导的基层法治建设中，应该从制度设计和实践操作上更多地关注这些"特殊群体"，以实现真正的社会公平。

一、外来流动人口管理服务

外来流动人口是一个特殊的社会群体，是市场经济条件下工业化、城市化和经济一体化发展到一定程度的产物。外来流动人口是国家经济建设的重要实践者，创造了大量财富，为社会建设作出了巨大贡献，已然成为影响流入地社会综合治理、义务教育、基本公共卫生服务、就业管理、公共文化体育等基本公共服务提供的重要因素，以及学校、医院、公共交通、体育场馆、水电气供应等公用基础设施配置与投入的重要力量。

然而在当前，对外来流动人口在流入地权益的保障现状不容乐观。第一，身份权利不平等。在现行城市化进程中，外来流动人口大多被贴上边缘群体的标签，其人身权利和人格尊严得不到充分保障和尊重。这一方面把他们不断推向社会的死角；另一方面加剧了社会矛盾，增加了社会的不安定因素，产生了大量复杂的新型矛盾纠纷。第二，劳动待遇不平等。流入地的城市公共就业服务以及政府举办的劳动力市场，主要为本地城市居民服务，就业歧视现象依旧存在，一些地方出于增加本地就业的考虑，在制定用工政策时，对外来流动人口实行职业工种限制，甚至干涉企业合法雇用外来流动人口。第三，社会保障权利不平等。用工单位一般很少主动为外来流动人口办理社会保险，同时，很多外来流动人口流动性强、文化层次偏低、家庭困难也不愿参保。当遭遇拖欠工资、工伤赔偿等问题时，往往不能得到及时救助。此外，流入地政府对外来流动人口的服务管理存在诸多问题，包括体制机制存在障碍、基本公共服务无法均等化覆盖、社会治理的参与方式有限等。

永康是人口流入大市，浙江省流动人口统计系统显示，截至2022年年末，永康市户籍人口62.1万人，在册流动人口54.95万人，是全省（不含宁波）流动人口数超50万的八个县（市）之一，户籍人口与流动人口之比高居全省前三。同时根据第七次全国人口普查数据，永康市16—59岁（就业年龄）外来人口为29.5万人，同年龄段市区户籍人口为38.3万人，外来人口劳动力占整体劳动力的比重为43.5%。永康市发达的五金产业吸引了大量外来人口在永康就业、创业，促进了永康经济和社会事业发展。因此保护好外来流动人口的合法权益，对于促进永康经济的发展、社会的稳定具有重要意义。

（一）永康市镇雄籍外来流动人口及其纠纷基本情况

作为全国工业经济百强县（市），永康工业经济的强劲发展创造了大量的就业、创业机会，吸引了众多的外来人口到永康寻找发展机遇。镇雄隶属云南省昭通市，2019年[①]，在永康生活就业的镇雄人有11万多，约占永康外来人口的1/5，构成了永康流动人口的主力军。但同时，镇雄籍人口在永康市内的纠纷发生情况也十分复杂。

总体上看，永康市内诉至法院的镇雄籍人口纠纷数量有所减少，机动车交通事故责任纠纷、请求确认人民调解协议效力案件表现得尤为突出。2018年至2022年，永康市人民法院受理镇雄籍人口纠纷案件总数从275件降至201件，减少了26.9%，机动车交通事故责任纠纷减少了73.8%。大量镇雄

---

① 后续数据并未公布，但2019年的数据也足以说明有很多镇雄籍人口在永康生活。

人在永康生活工作，诉至法院的镇雄籍人口纠纷案件数量却没有显著增加，究其原因，矛盾纠纷很多都在诉前得到解决，或是在庭前调解得以解决，或是在人民调解委员会调解解决，抑或是在仲裁委员会仲裁解决。事实上，无论是人民调解委员会还是仲裁委员会，甚至是法院，都会邀请中共镇雄县外出务工党员驻浙江工作委员会（以下简称镇雄驻浙党工委）这一组织出席参加矛盾纠纷调解。可以说，大量的镇雄籍人口纠纷是在镇雄驻浙党工委的参与下以调解或和解得以解决。现如今，在永康的镇雄籍人口如遇到纠纷基本都会第一时间想到并前往镇雄驻浙党工委，大量矛盾在镇雄驻浙党工委的努力下得以化解，大大减轻了人民调解委员会、仲裁委员会尤其是法院的压力。

（二）镇雄驻浙党工委

2011年1月，镇雄驻永康党总支组建，2015年党总支升级为镇雄驻浙党工委，仍位于永康，截至2021年9月1日，党工委分别在浙江永康、浦江、宁波、义乌、台州、杭州、湖州、温州、嘉兴、丽水、绍兴建立党支部19个，登记管理在册流动党员1168人。镇雄驻浙党工委自成立以来做好配合、服务群众、促进和谐，按照"党建引领+社会治理+稳定就业"的工作思路，充分发挥党组织的战斗堡垒作用和党员先锋模范作用，不断提高流动党员的政治素质和思想水平，扎实有效地开展党建和思想政治工作，积极为广大务工群众营造良好的工作氛围，以稳定24余万镇雄籍在浙务工群体。

1.镇雄驻浙党工委的主要做法

（1）建立组织，构筑流而不散的组织机构

针对镇雄籍流动党员在浙江分布广、成分复杂、流动松散这一实际情况，镇雄驻浙党工委从健全组织着手，建立起流动党员流动不流失、流出有归属，教育管理不断线的管理体系，变"有党员无组织"为"有党员有组织"。一是按地域建立流动党员管理支部委员会，各支部对所辖地域内的流动党员进行查找联系并建立起流动党员管理台账。台账准确记录党员的姓名、性别、年龄、入党时间、在镇雄的家庭详细地址、出门务工时间、现在务工的公司名称、电话号码。对登记在册的党员，每个支部委员负责具体联系10—15名，要求至少每个月要和他们联系一次，以准确把握他们的流向，如有流动，要及时把他们的基本情况提供给流入地支部，由流入地支部进行跟踪管理，从而使流动党员始终置于党组织的有效管理中。这种"化整为零"的方法，使流动党员管理有了最基层的组织，结构更趋科学，管理起来更加简便。二是为支部选好配强班子。支部书记的选拔和任用以政治素质高、文化水平高、群众威信高、发展能力强、服务能力强、协调能力强为标准。这样选拔出来的支部书记才能用自身的好人格、好人缘、好形象团结和带领支部切实做好流动党员教育、管理、服务工作。各支部班子组成人员一般有公司高管，有自主经营的个体老板，还有普通务工人员。

（2）完善摸底登记办法

一是充分发挥党支部战斗堡垒作用，深入企业，走访人员，开展全面摸底，精准掌握在永康、浦江等地的镇雄籍务工人员就业现状，建立务工人员姓名、性别、民族、出生年月、家庭住址、务工单位名称、进厂时间、工种、月工资收入等台账信息资料，截止到2021年9月1日登记在册人数6.4万余人。二是与当地人社部门、用工企业建立信息共享机制，全面了解镇雄籍务工人员就业分布地点、务工所在企业、联系方式等就业信息。三是在镇雄籍务工人员相对集中的地方设立"娘家人服务站"，并通过新闻网、QQ群、微信群、朋友圈等渠道广泛宣传，在为务工人员提供服务的同时采集完善就业信息。

（3）搭建劳务对接平台

不断强化与当地人社部门及用工企业沟通对接力度，全面了解掌握当地各行各业用工需求，形成用工需求清单，及时反馈至镇雄县人社局，由县人社局统筹抓好县内宣传发动、组织人员转移等相关工作。同时，镇雄驻浙党工委各党支部通过实地走访调研，与当地10余家工资待遇高、务工环境好、食宿条件优的大型企业签订用工协议，实现了县内务工人员点对点、一站式转移就业。2020年2月，协助镇雄县人社局及各乡镇（街道）组织3.2万名务工人员到永康、浦江等地返岗就业，在疫情防控常态化条件下，帮助镇雄籍务工人员就地调岗就业414人、跨省转岗就业207人。

（4）开展技能提升培训

为切实提升务工人员就业能力、增加务工人员收入，镇雄驻浙党工委不断优化培训方案，强化宣传发动，充分利用务工人员闲暇时间，有序组织开展技能提升培训。2019年在金华、浦江、永康开展了挖掘机驾驶员培训、电工培训和叉车技能培训，对参加培训且考试合格的283名镇雄籍务工人员发放了培训合格证书。2020年在永康开展1期电工、1期焊工培训和10期挖掘机技能培训，在浦江开展1期电工培训，参加培训总人数930人。

（5）组织开展多项活动

2020年1月14日，镇雄驻浙党工委在永康明珠大酒店成功举办了以"不忘初心，砥砺前行——镇雄籍在浙企业年会"为主题的大型活动，永康公、检、法、司，镇雄宣传部、人社局相关领导出席活动，来自长三角地区的630名镇雄籍优秀代表参加年会，会议号召大家推进资源共享、信息互通、优势互补、抱团发展，真正做大做强实体经济，充分展现镇雄人不一样的精彩。对在工作中摸排登记到的126名困难务工人员，党工委积极向云南省总工会驻上海"云南娘家人服务站"申报，为每人争取到800—2500元不等的困难慰问金，共计15万元，让困难务工人员充分感受到了党和政府的关怀与温暖。

2.镇雄驻浙党工委的多元化纠纷解决机制

（1）建立维权联动机制

镇雄驻浙党工委与驻地公安、检察院、司法局、人社局、街道办事处等部门达成党建共建协议，建立工作联动机制，充分发挥部门优势，协调联动、齐抓共管、形成合力，全方位保障在浙镇雄籍务工人员的合法权益。2017年永康市人民检察院、永康市公安局分别在党工委挂牌成立了永康市人民检察院晨曦驿站帮教基地、永康市镇雄籍新居民管理服务站。镇雄驻浙党工委主动公布服务电话，畅通举报受理渠道，确保务工人员在自身权益受到侵害时想得起、找得到、信得过、靠得住。镇雄驻浙党工委通过与当地各部门协调联动，用"家乡话、老乡情"化解社会矛盾，努力维护当地社会和谐稳定。以2020年为例，累计处理工伤事故565起、交通事故223起、劳资纠纷452起，累计为务工人员依法追回各类款项760余万元，服务范围除镇雄籍务工人员外，还涉及云南临沧、彝良、鲁甸、盐津、永善、曲靖、红河、威信、文山、绥江、巧家等地的在浙务工人员。

（2）组建志愿服务队伍

镇雄驻浙党工委充分发挥流动党员先锋模范作用，在永康市、浦江县、宁波市、温州市分别建立起了"镇雄志愿者服务队"，2020年1月在永康成立了"云南镇雄巾帼志愿者服务队"，总人数达到856人。志愿者服务队每月定期开展务工维权法律宣传活动和慰问活动，切实增强镇雄籍务工人员的劳动维权意识，引导务工人员通过法律途径维权。同时，通过开展慰问活动，实时掌握务工人员心理状态，引导务工人员树立勤劳致富理念，激发内生动力，增强工作认同感，促进其稳定就业。2020年9月30日，镇雄禁毒委员会依托党工委挂牌成立"镇雄禁毒志愿者协会永康分会"。

（3）其他解纷机制

镇雄驻浙党工委设立"云南娘家人永康服务站""镇雄县人力资源和社会保障局驻永康劳务输出工作站""永康市镇雄籍新居民服务站"等，积极调处镇雄籍外来流动人口之间以及与其他常住人口之间的矛盾纠纷，出具调解、和解协议书，接受委托成为参加诉讼的委托代理人，并通过制作镇雄籍外出务工人员援助、服务、维权登记表，工伤事故登记表，便民工伤登记表，便民服务中心来访登记表，妇女维权登记簿，困难务工人员救助汇总表等，报告可能影响稳定的因素及涉案信息。此外，各类解纷服务站联合永康市为民法律服务所、永康市人民调解委员会、永康市公安局、武义县劳动人事争议仲裁委员会、花街镇劳动保障所等机关组织，全面掌握永康市镇雄籍新居民的居住、就业等信息，及时督促相关人员按规定办理居住、出租登记等相关手续，依靠永康市流动人口服务管理专职机构，及时调处会员矛盾纠纷，并积极开展流动人口服务管理政策法规宣传教育和镇雄籍新居民服务维权工作。

3.镇雄驻浙党工委的工作成效

（1）夯实了脱贫收入支撑

浙江是镇雄县劳动力转移就业主要输入地之一，截至2020年年底，镇雄县全县有24余万务工人员常年在浙江务工，其中永康有10万人、浦江有4.1万人，武义有4.5万人。镇雄驻浙党工委自成立以来，始终把劳动力稳定就业工作当成一项重大政治任务来抓，不断强化党建引领、创新工作机制，最大限度地把务工人员稳在了浙江，为镇雄县高质量打赢脱贫攻坚战筑牢了收入支撑。

（2）活跃了党群干群关系

镇雄驻浙党工委各党支部密切联系务工群众，从解决务工人员最关心、最直接、最现实的利益问题入手，深入走访企业，慰问看望镇雄籍务工人员，用心用情帮助务工人员解决实际困难，践行党的群众路线，活跃了党群干群关系，使"有困难找党工委"的理念深入民心。

（3）壮大了劳务经济产业

劳务输出是镇雄县农村贫困劳动力实现脱贫致富最现实、最直接、最有效的方式，镇雄驻浙党工委切实发挥"前哨"作用，不断对接开发优质岗位，配合县内人社部门、乡镇（街道）组织镇雄籍务工人员到浙江稳定就业、持续增收，进一步壮大了镇雄劳务经济产业。

（4）树立了镇雄良好形象

镇雄驻浙党工委及各党支部在开展政策宣传、维权助稳、岗位推介等各项工作的同时，教育引导务工人员遵纪守法、勤劳致富，树立自强、诚信、感恩的理想信念，镇雄籍务工人员勤劳勇敢、吃苦耐劳、敢拼敢干、感恩奋进的精神得到了当地政府部门及用工企业的认可点赞，树立了镇雄好形象、传递了镇雄正能量、弘扬了镇雄精气神。

（三）坚持"龙山经验"，构建外来流动人口的非诉讼纠纷解决机制

首先，健全完善矛盾纠纷排查化解机制。提高劳动纠纷应急处理能力，开发劳动保障监察信息系统，实现劳动保障监察工作的网络化、规范化、制度化；加强预警预测、信息处理与监控，关注企业职工的工资发放和生产、生活环境，及时发现各种矛盾纠纷苗头，做到早发现、早报告、早控制、早解决。此外，要健全帮扶外来流动人口困难群体的机制并强化治安管理，加大对外来人员中无业、失业等困难群体的职业培训力度，提高其生存技能，解决其就业难、生活难等实际问题；建立困难群体危困专项救济救助基金，对家庭经济条件窘迫、生活困难的群体，给予必要救济补助，帮助其渡过难关；对有精神疾患的重点人群，有针对性地落实教育管理措施，加强服务救助；大力整治不合格出租屋，及时排除安全隐患，并开展公租房、廉租房建设。同时，建立健全心理干预机制，积极开展心理疏导，落实教育关怀管理措施，构建违法犯罪预防教育体系，有效预防违法犯罪和个人极端事件发生。

其次，成立外来流动人口服务机构。充分发挥社会各界力量，建立外来流动人口社团组织，积极化解矛盾纠纷，保障外来流动人口的合法权益。例如新闻媒体对于外来流动人口要加强正面报道，对于侵犯其合法权益的现象和行为要予以曝光；法律援助中心要发挥专业优势，特别应推进民间的法律援助活动，维护外来流动人口的正当权益；工会要强化自治功能，从根本上改变目前外来流动人口既无组织又无话语权的被动状况；服务机构应积极利用自己的独立地位，加强对政府和市场的监督，当发现政府和市场有不利于外来流动人口合法权益的举措时，应及时与有关机构和部门协商、沟通，防患于未然，把劳动纠纷与冲突消灭在萌芽状态，防止其演化为恶性事件。①

---

① 参见李方芳、蔡小城：《外来务工人员权益保障研究》，载《湖北社会科学》2008年第12期，第44页。

二、妇女儿童保护

保护妇女儿童的合法权益是我国宪法的一项基本要求，体现了我们党和国家关怀妇女、爱护儿童的主张。妇女儿童权益保障成效是衡量一个社会法治建设成熟程度的标准，也是我国加强社会主义精神文明建设的着力点之一。

（一）流动人口中妇女儿童权益法治保障

近年来，在各级党委政府的高度重视以及全社会共同支持和努力下，永康市内流动人口中妇女儿童权益法治保障工作取得了巨大的成效，但在部分地区，侵害妇女儿童权益事件仍时有发生，有些甚至演变成全国性的舆情事件，妇女儿童权益维护任重道远。浙江省在这方面做了有益探索，其中"龙山经验"是根植于基层社会的一整套行之有效的诉源治理方法，在处理流动人口中涉妇女儿童矛盾纠纷方面，极具代表性，是党的十八大以来浙江省涌现出来的依法治理典型经验。

1."龙山经验"下的流动人口中妇女儿童权益保障

其一，贯彻落实宪法法律精神，完善流动人口中妇女儿童权益保障机制。我国《宪法》第四十八条规定"国家保护妇女的权利和利益，实行男女同工同酬"，第四十九条规定"禁止虐待老人、妇女和儿童"。以《妇女权益保障法》和《未成年人保护法》为核心的妇女儿童保护法律体系已经形成，正趋于完善。但实践中，妇女儿童仍旧处于弱势地位，尤其是流动人口中的妇女儿童，很多权益得不到充分保障。其中，妇女在就业方面受到的不平等对待较多，如用工标准不平等，即使是同工也很难同酬，特别是很多用人单位都存在同等条件下用男不用女的情况。流动人口随迁子女受教育的权利也容易遭到侵害，大量的随迁子女给流入地政府的教育资源供给、配置带来了严峻挑战，一些地方为了破除此种困境，不重视民工子女就学入学的公平性，从而导致大量流动人口随迁子女无法享受平等的教育资源，为社会治理埋下了隐患。就此，截至2020年，面向流动人口的基本公共卫生服务项目在永康市已经实现了全覆盖；并且，流动儿童少年接受义务教育保障机制在永康已经基本建立。此外，永康市聚焦外来人口婚恋感情纠纷警情多发现状，依托基层妇女力量，积极探索外来人口领域调处工作新模式，构建"防范+化解"协同处置格局，推动问题隐患发现在早、防范在先、处置在小，以家庭"小平安"促进社会"大稳定"。截至2023年上半年，涉外来人口婚恋感情纠纷化解率从93%上升至98%，警情数同比下降6%。

其二，充分发挥妇联力量，落实流动人口中妇女儿童权益保护工作机制。妇联是我国维护妇女儿童权益重要的社会组织之一，在代表、捍卫妇女权益，促进男女平等，维护少年儿童权益等方面发挥着重要作用。但面对日新月异的社会环境，妇联工作日趋社会化、多样化和复杂化，这对妇联一贯的工作模式和运行机制提出了严峻的挑战。尤其是在流动妇女儿童权益保障方面的工作，妇联也暴露出了一些问题：第一，妇联干部队伍的整体素质有待提高。基层妇联干部的思想观念仍较落后，在一些地方，基层妇联干部对当地拐卖妇女儿童的行为竟熟视无睹，对该种现象已经习以为常，这严重违背工作原则与底线，造成了保护流动妇女儿童权益不力的严重后果。第二，基层妇联组织职能有待加强。在一些流动人口聚集的地方，妇联组织缺乏工作前瞻性和创新意识，无法适应新形势、新要求，对流动妇女儿童权益保障工作缺乏生机和活力，有组织无活动的现象比较普遍，导致妇联工作职能弱化、凝聚力下降。而永康市委始终坚持对群众性自治组织、社会力量的领导与指导作用，架起了与社会组织和群众之间的"桥梁""枢纽"和"平台"；永康市妇联坚持贯彻落实"龙山经验"，汇聚"平安家庭"建设合力。推行"网格+妇联"工作模式，健全由1名镇（街道、区）妇联主席+1名村（社区）妇联主席+N名志愿者组成的"1+1+N"体系架构，将外来人口婚恋感情纠纷调处工作纳入基层妇女工作大网格。建立云南镇雄及江西驻永妇联组织，发挥妇女工作者人熟地熟优势，夯实外来人口婚恋矛盾调处根基。截至2023年上半年，实现全市402个行政村"1+1+N"体系全覆盖，吸收外来各界志愿者2100余名。

其三，创新基层社会治理，积极排查化解涉流动人口中妇女儿童权益纠纷。2021年以来，永康市策划举行了百岗联百村、千名执委走千户、万名"格姐"进万家的"百千万"巾帼送温暖活动，截至2023年上半年，累计走访外来人口家庭17.6万户，其中重点家庭3.8万户，排查汇总异常信息1973条；举办"巾帼赞·我爱我家"婚姻家事调解、数字化改革、养老护理等多种培训；组织"格姐""和姐"认真收看省平安家庭建设公益云课堂等，有效激发基层妇联执委的履职意识和工作活动，提升其家事纠纷化解水平；依托云上妇联建设，链接省矛盾纠纷在线化解平台，实现婚姻家庭矛盾纠纷足不出户线上化解，大大方便了妇女儿童维权。

2. 流动人口中妇女儿童权益保障举措

第一，组织开展走访慰问活动，密切关注流动人口中妇女儿童群体动向与需求。为切实推进密切联系流动人口中妇女儿童工作落地落实落细，应当组织开展针对困难外来务工家庭、困难妇女群众等的慰问活动，以切实帮助流动人口家庭解决急难愁盼问题。

第二，充分发动群众，建立健全侵害流动妇女儿童违法犯罪线索有奖举报制度。地方公安部门应当制定侵害流动妇女儿童违法犯罪线索举报奖励有关办法，对举报拐卖、拐骗、绑架、殴打流动妇女儿童违法犯罪线索的群众给予奖励，并依法保护举报人的个人信息及安全，以充分调动群众参与流动妇女儿童权益保障的积极性。同时，强化网格排查，依托"妇警联动"平台，通过妇联干部及网格长实地走访，利用智能分析精准掌握异常底数。联合永康市公安局在各派出所设立"夫妻夜校"，整合公安干警、妇联干部、乡贤等力量组建"讲师团"，要求暴力侵害、重复报警等7种情形人员"入校学习"，对侵害妇女儿童权益行为进行有效预防和制止。

第三，强化涉流动人口中妇女儿童纠纷的多元纠纷化解机制。基层矛盾解决是国家的基础和重心，基层矛盾纠纷化解是社会和谐稳定的"晴雨表"，矛盾纠纷预防调处化解能力是国家治理能力的重要考核指标之一。流动人口中妇女儿童的矛盾解决是基层矛盾解决的重中之重。截至2023年4月，永康市通过联动妇联干部、女人大代表、女律师、女心理咨询师、法院干警、社区干部等多方力量组成"格姐帮帮团"与6家工作室结对，36名"格姐"负责人带头参与家事调解。永康市妇联与政法委、公安、流管等部门共同研究制定《永康市婚恋感情纠纷处置工作指引》，推进部门联动处置的标准化流程建设，形成预警、核查、联调化解等全流程全面跟进闭环管控，从而及时发现各种矛盾纠纷苗头，做到早发现、早报告、早控制、早解决。

（二）"平安家庭"建设①

2021年，永康市妇联立足"平安家庭"建设，积极作为、主动担当，出实招，谋实效，实现部门联动有广度、平安宣传有力度、关爱服务有深度、纠纷化解有温度、家风建设有亮度，引导和动员妇女群众和广大家庭以前所未有的深度融入基层社会治理格局，切实推动以家庭"小安"促社会"大安"。自2020年4月永康市开展"一月一镇一平安大会战"以来，市妇联带领巾帼志愿者联动公安、检察院、法院、司法等部门及1000多名平安建设工作者，紧密协作、联动互通，凝聚起全民共建平安家庭的多方力量，夯实家庭平安基础。2021年9月9日，永康市举行的"一月一镇一平安大会战"（象珠镇、唐先镇）启动仪式就"平安家庭"建设工作作了再动员、部署，大大提升了永康市"平安家庭"建设工作的知晓度，营造了浓厚的建设工作氛围。永康市妇联切实加强与公、检、法、司、教育局、人力社保局、民政局等"平安家庭"建设成员单位的沟通协调，认真落实妇女儿童保护五项工作机制。如联动公安线上搭建婚恋情感纠纷风险预警应用场景，线下健全"一警情三推送"为核心的联动化解机制。2021年以来，永康全市情感类纠纷警情同比下降11.7%，婚恋情感纠纷化解率达98%。获得《法治日报》《人民

---

① 该部分内容参见《汇聚平安家庭"薇"力量形塑社会大平安——2021年永康市妇联"平安家庭"建设工作总结》。

公安报》等主流媒体的点赞，受到浙江省、金华市两级领导的批示肯定。永康市妇联联合永康司法局开展的"法治护航美丽经济 法治村里话共富"的宣传活动登上了人民法治网。永康市妇联联合检察院、市教育局在市职技校5000多名学生中开展的"守护花开与法同行"防校园欺凌的普法宣传活动，受到了好评。永康市妇联联动网信办倡导资深维权志愿者积极参与民政局婚姻家庭辅导工作，取得了较好效果。

永康市出台《关于开展各级妇联执委"五个一"活动的通知》，制定下发《一格一姐工作记录本》，组织开展百岗联百村、千名执委走千户、万名"格姐"进万家的"百千万"巾帼送温暖活动，并按班子联系乡镇制度分组定期开展下基层督查指导工作，切实推进密切联系妇女群众工作落地落实落细。截至2021年11月底，全市各级执委参与走访人数5879人，共计走访家庭28689户，解决各类问题1876件，切实提升妇女群众的获得感、幸福感、安全感，得到了省妇联"四必访"调研组的肯定。绘制三色家庭图，建立特殊家庭"微档案"、民需服务"微清单"，由市、镇、村三级执委分层结对帮扶。2021年，共排摸红色家庭5户，黄色家庭45户，根据家庭需求，对应开展法律咨询服务、家庭需求关怀等活动，切实帮助家庭解决急难愁盼问题。如市妇联班子结对帮扶一红色家庭的女童，带她们与家人一起浏览美丽乡村，以自己的亲身经历鼓励其多读好书、多做运动，并为其送上慰问金及防寒衣物等，像对待家人一样对其嘘寒问暖。2021年以来，先后牵头开展了针对困难外来务工家庭、"六一"儿童节、邮政快递行业女职工、80周岁以上老妇女主任、困难妇女群众等的慰问活动，共计涉及2000多户家庭，有力地传递党和政府的温暖，妇联"娘家人"的关爱。此外，首创《永康妇联主席公约》，开展争创"五新"妇联组织、争当"五好"妇联干部活动；举办"巾帼赞·我爱我家"婚姻家事调解、数字化改革、养老护理等多种培训40多场，组织"格姐""和姐"认真收看省平安家庭建设公益云课堂等，有效激发基层妇联执委的履职意识和工作积极性，提升其家事纠纷化解水平，相关活动登上《中国妇女报》和学习强国平台。永康市妇联依托云上妇联建设，链接省矛盾纠纷在线化解平台，实现婚姻家庭矛盾纠纷足不出户线上化解。2021年以来，线上受理的婚姻家庭纠纷占总受理数的一半以上，大大方便了妇女儿童维权。永康市的相关调处案例被人民法治网、浙江法制报和平安浙江网报道。永康市妇联积极整合社工师、心理咨询师、律师、"和姐"等人员力量，"对症下药""因家施调"开展婚姻家事纠纷调处化解。现永康市已建成镇、村级家事调解示范点16个。另外，"法律夜门诊"和"李姐调解工作室"被评为首批省级婚姻家庭纠纷品牌工作室。2021年以来，永康市三级家事调解室共接待案件249起，化解244起，有力地促进了家庭和睦、社会和谐。

（三）校园欺凌纠纷化解典型案例

案例24：2018年11月17日下午，徐某某与同学陈某某因琐事发生口角，经老师教育劝解后双方和解。后陈某某将此事告知其表姐田某某。田某某为帮陈某某出气，纠集应某某、郑某某、陈某和王某某等未成年人，在学校附近小巷中以打耳光、脚踢等方式殴打徐某某，还逼迫徐某某单膝跪地，直至有路人经过，五人才各自散开。在一旁围观的田某某的朋友，将徐某某被殴打、侮辱的过程，用田某某的手机拍成视频上传至微信朋友圈。后该视频被多人转发，迅速扩散，在社会上造成了不良影响。2018年12月5日，受害人徐某某的爷爷向永康市法律援助中心申请法律援助，汪律师主动申请承办该案。汪律师接受指派后第一时间见了徐某某的爷爷和母亲，向他们了解孩子的近况。考虑到本案的特殊性在于受害人是未成年人，受到这样的校园欺凌，其精神压力会很大，而精神层面的伤害又很难量化，如果仅仅是身体伤害且没有构成伤残等级，法院一般是不会判决赔偿精神损害抚慰金的。为了能让受害人徐某某获得精神损害赔偿，汪律师一方面查找了大量的案例论证即使没有伤残等级也可以获得精神损害赔偿；另一方面为量化精神方面的侵害，让法院在判决精神损害抚慰金方面有依据，同时尽快帮助受害者走出心理阴影，提出让徐某某尽快接受心理治疗。2019年1月3日，汪律师代表受害人父母以生命权、健康权、身体权受侵害为由提起诉讼，要求五名未成年人的父母共同赔偿医疗费932.22元和精神损害抚慰金10万元。

同时，汪律师和承办法官根据案卷材料上的联系方式与涉案未成年人的家长不断进行沟通，了解涉案家长的想法，协调好时间进行第一次调解。2019年1月21日，原被告第一次参加调解。参与校园欺凌的五位未成年人的家长认识到了自己应承担的责任，但是认为他们的孩子已经被行政处罚过，加之本案没有构成伤残等级，所以不愿意赔偿精神损害抚慰金，只愿意赔礼道歉，并商议在期末考试结束后去看望受害人徐某某。

2019年1月23日，五位涉案学生的家长前往受害人家里致歉，至此，原被告方态度都有了一定的缓和。2019年1月25日，为使案件能顺利解决，法庭组织了第二次调解。在第二次调解过程中，汪律师就案件事实与法律适用充分发表了意见，就为何要主张精神损害抚慰金进行据理阐述，列举了多个即使没有伤残等级也可以获得精神损害赔偿的案例，并与涉案未成年人的家长进行了一对一沟通，希望他们能够从同为人父母的角度换位思考，以积极的心态来解决此事。最后，五位涉案未成年人的家长各赔偿原告4000元并当场支付，原告撤回起诉。至此，这起校园欺凌案件赶在新春佳节之前顺利结案，双方对案件结果都感到非常满意。涉案未成年人的家长认识到自己孩子的错误和自己需承担的责任，并意识到这次调解对他们孩子今后的成长将有很大的帮助，使他们感受到法律的严肃性，因此对法律产生敬畏之心。受害者获得赔偿，体现了法律保护受害人的精神权利和恢复受害人人格权的现实作用。

基层基础的未成年人权益侵害预防、处置和救济保障机制，是以《宪法》和《未成年人保护法》为依据和引领的，政府、社会各方面均负有维护未成年人权益的责任。健全的未成年人权益保护法制、体制和机制，想要取得切实成效，必须焕发基层基础运行机制的活力。本案成功调解就是一个有益佐证和有效验证。第一，本案体现和实现了《民法典》对公民人格权的尊重，受害人不仅得到了赔礼道歉，而且在无伤残等级的情况下获得了精神损害赔偿。第二，本案表明，法律共同体发挥合力效能，是防范矛盾激化、全面化解纠纷的重要保证。本案在庭长、法官和律师的共同努力下，以同类案件裁判为支撑、以辨法析理动情为方法，以说服沟通、协商为动力，使得调解的过程成为一个法律价值体现的过程，一个人格权益凸显的过程，一个遵法、知错、担责的过程。第三，既要在一般意义上实现权利的救济，也要在未成年人权益保障上展现法律的效力。

第四章

"龙山经验"与数字化改革

数字化改革是"最多跑一次"改革和政府数字化转型基础上的迭代深化。其围绕建设数字浙江目标，统筹运用数字化技术、数字化思维、数字化认知，把数字化、一体化、现代化贯穿到党的领导和政治、经济、文化、社会、生态文明建设全过程各方面，对省域治理的体制机制、组织架构、方式流程、手段工具进行全方位、系统性重塑的过程。要从整体上推动省域经济社会发展和治理能力的质量变革、效率变革、动力变革，在根本上实现全省域整体智治、高效协同，努力成为"重要窗口"的重大标志性成果。[①]"龙山经验"注重数字化的治理优势，并以基层自治内容为主要抓手，实现了协同共治，"龙山经验"与数字化有机结合，成功地打造了基层社会治理的新格局。

---

① 参见《全面推进数字化改革 努力打造"重要窗口"重大标志性成果》，载《浙江日报》2021年2月19日，第1版。

第一节　数字化变革面临的基层治理难题

2020年3月31日，习近平总书记在浙江考察时指出，"运用大数据、云计算、区块链、人工智能等前沿技术推动城市管理手段、管理模式、管理理念创新，从数字化到智能化再到智慧化，让城市更聪明一些、更智慧一些，是推动城市治理体系和治理能力现代化的必由之路"①。按照习近平总书记在浙江工作期间作出的"数字浙江"建设部署，浙江坚持以人民为中心的发展思想，深化"最多跑一次"改革，大力推动政府数字化转型，并推动经济社会全方位数字化转型，省域治理体系和治理能力现代化程度显著提升。

数字化改革阶段是数字浙江建设的新阶段，是政府数字化转型的一次拓展和升级，是浙江立足新发展阶段、贯彻新发展理念、构建新发展格局的重大战略举措。②党的十九届四中全会明确指出，坚持和完善共建共治共享的社会治理制度，构建基层社会治理新格局，为基层社会治理指明了方向。考虑到基层社会治理的复杂性，我国实行的仍是国家治理和基层自治的治理模式。就"龙山经验"数字化治理来讲，当前的基层自治面临"类行政化"趋向、人民群众"多元化"需求、基层社会"碎片化"管理的棘手难题。③

---

① 《习近平在浙江考察时强调：统筹推进疫情防控和经济社会发展工作 奋力实现今年经济社会发展目标任务》，载《人民日报》2020年4月2日，第1版。

② 参见《全面推进数字化改革 努力打造"重要窗口"重大标志性成果》，载《浙江日报》2021年2月19日，第1版。

③ 参见余钊飞、林昕洁：《乡村治理的"枫桥经验"数字化重塑模式研究》，载《浙江工业大学学报（社会科学版）》2022年第1期。

一、基层自治"类行政化"趋向

综观当前基层自治格局,自上而下的政府管理行为越来越精细化和具体化。在"命令—服从"型管理方式导致基层自治组织行政化倾向越来越严重的同时,基层自治组织自身的能动性和群众的主体性在不断降低①。"纵横交错"式的"网格化治理"是一种政府管理从行政上打通与民众的直接联系的途径②。但是,其模式具有极强的单向性、进入性和覆盖性③。通过政权下移、管理下移的老路子,并未放弃政府中心主义和官本位。如永康市龙山、西塘两镇为了充分发挥网格化治理的作用,由村两委会成员兼任专职网格长,而且每个网格员每月必须提交6份所负责网格内的走访记录,以保证信息的真实性。正所谓,"上面千条线,底下一根针",各种检查、评比、考核,应接不暇,基层自治能力呈现弱化和缺失现象④,由此容易出现"类行政化"趋向的问题。⑤

二、人民群众"多元化"需求

随着农村城镇化进程的加快,无论是治理主体的多元化,还是需求主体的多元化,都表明统一的标准化服务已经无法满足公众的需求,因为不同群体有不同的需求和服务预期。面临"类行政化"困境的自治组织并非唯一的治理实体,而是与市场、社会组织等共治,形成了"复合治理架构"⑥,或者

---

① 汪世荣、褚宸舸:《"枫桥经验":基层社会治理体系和能力现代化实证研究》,法律出版社2018年版,第149页。

② 参见徐勇、王元成:《政府管理与群众自治的衔接机制研究——从强化基层人大代表的功能着力》,载《河南大学学报(社会科学版)》2011年第5期。

③ 参见余钊飞、罗雪贵:《"枫桥经验"视野下的乡镇政府管理与村民自治良性互动研究》,载《山东科技大学学报(社会科学版)》2017年第6期。

④ 参见余钊飞:《新时代"枫桥经验"在余杭社会治理中的展开》,载公丕祥主编:《中国法治社会发展报告》,社会科学文献出版社2020年版,第126页。

⑤ 参见余钊飞、林昕洁:《乡村治理的"枫桥经验"数字化重塑模式研究》,载《浙江工业大学学报(社会科学版)》2022年第1期。

⑥ 参见郑杭生、黄家亮:《论我国社区治理的双重困境与创新之维——基于北京市社区管理体制改革实践的分析》,载《东岳论丛》2012年第1期。

说是多元化的治理架构①。"龙山经验"下基层治理结构已经呈现出整体性、结构性巨变，以"共建共治共享"为主导的多元塑造成为未来的发展趋势，自上而下单一且僵化的治理模式已经难以应对复合治理的新形势，治理创新迫在眉睫。②

数字平台实现了群众的媒介接近权，促进了乡村社区的多元主体参与。建立在基层群众充分参与的基础上的民主管理，是基层民主自治的根本环节。有学者认为，随着移动网络发展，数字社区公共领域成了社区构建社会关联、社区公共舆论、发起社区公共行动的重要场域，数字社区公共领域与社区权力机构之间并非必然处于对立状态，并且具有更强的实践取向，群众经由动员更容易形成线上和线下的公共行动，其可以生成影响权力机构决策的公共舆论，不过更多是琐碎的"拉家常"式互动，而这些日常交往信息，正是强化社区连接的重要因素。村民通过网络实现了"共同在场"，强化了公共舆论作用，开展公共行动，维系了乡村秩序③。因此，移动互联网的公共性和开放性，使得村庄（社区）中不同地位、阶层、偏好的人群均可参与到移动网络平台，一些不善表达、被社会排斥的村民、自闭青年、外出务工人员在网络平台更容易交流，多元化、个性化需求也得以充分表达。④

三、基层社会"碎片化"管理

农村公共服务供给的碎片化根源在于行政体制的条块分割，农村信息化还停留在起步阶段，信息基础设施与服务远落后于城市。

一方面，散落在农村各个角落的大量数据，因缺乏政策指导和软硬件技

---

① 参见胡必亮：《雁田新治理》，中国社会科学出版社2012年版，第303—307页。

② 参见余钊飞、林昕洁：《乡村治理的"枫桥经验"数字化重塑模式研究》，载《浙江工业大学学报（社会科学版）》2022年第1期。

③ 牛耀红：《建构乡村内生秩序的数字"社区公共领域"——一个西部乡村的移动互联网实践》，载《新闻与传播研究》2018年第4期。

④ 参见余钊飞、林昕洁：《乡村治理的"枫桥经验"数字化重塑模式研究》，载《浙江工业大学学报（社会科学版）》2022年第1期。

术，难以集中并有效运用于乡村治理[①]。英国学者佩里·希克斯在《整体政府》一书中阐述的整体性治理理论所主张的公共服务整合、跨界协同政策，以及网络化治理格局诠释了信息时代公共治理最新的价值追求，信息技术手段的应用对于整体性治理的进一步拓展意义重大[②]。当前，龙山法庭正在深入探索建立"龙山经验"三年行动计划建设项目，第一要务就是推进数字化建设。

另一方面，以数字技术为代表的技术革命推动我国社会治理重大转型，具有智能、高效等特征的数字技术的运用和发展正在打破"数据壁垒"，以及消除"数据烟囱"，加速推进我国社会治理的数字化转型发展。显然，在推进基层自治的进程中，借用数字治理提升自治的主体性和主导性已经成为不可遏制的趋势。"龙山经验"中的数字治理模式是在信息时代、互联网的大背景下探索并总结出来的一套互联网合作共治模式，是网络安全与治理的有益创新和成功实践。对于基层自治组织而言，固然要承担好自上而下的协助政府管理的职能，但应当以自治为主，发挥自治的主体性和主导性[③]，实现自我管理、自我服务、自我教育、自我监督。

概言之，数字化改革应是以互联网、物联网、云计算、大数据、人工智能、区块链等技术的应用和融合为基础，以这些技术运用中最大的公因子——数据为标志，在确保数据安全的前提下，最大限度地开放数据资产，促进数据关联应用，激发数据生产要素对经济社会的放大、叠加、倍增作用，并通过数字化提升治理能力，做到准确识变、科学应变、主动求变，实现决策时运筹帷幄、落实时如臂使指。[④]

---

① 参见方堃、李帆、金铭：《基于整体性治理的数字乡村公共服务体系研究》，载《电子政务》2019年第11期。

② Perri 6, Leat D, Seltzer K, et al., *Towards holistic governance: The new reform Agenda*, Palgrave, 2002, pp.29-30.

③ 汪世荣：《"枫桥经验"：基层社会治理体系和能力现代化实证研究》，法律出版社2018年版，第149页。

④ 参见余钊飞、林昕洁：《乡村治理的"枫桥经验"数字化重塑模式研究》，载《浙江工业大学学报（社会科学版）》2022年第1期。

第二节　"龙山经验"数字化实践

在实践层面，永康市的数字治理走在时代前列。不少科技企业已与政府开展深入的技术合作，以数字技术有机融合政府决策方针，建立了一套行之有效的数字治理方式，打造了"电子政府""数字政府""智慧政府"。近年来，永康市政府逐渐实现去中心化，有效整合社会治理资源，提升社会治理水平，实现有效的多元治理主体共同参与治理。①

"龙山经验"数字化是以整体性治理为依托，智治为用，综合运用人工智能、大数据、区块链等新一代数字化手段和方式，依靠和发动群众，建立统一的数字应用系统平台，建立与群众良好的双向沟通机制，为新时期基层社会治理注入新动力。

一、诉源治理与"龙山经验"数字化

近年来，浙江省金华市中级人民法院根据最高人民法院全面深化智慧法院建设的部署和要求，以浙江省委推进数字化改革和浙江省高级人民法院推进"浙江全域数字法院"改革工作目标为牵引，挥动好金华法院工作"三板斧"之诉源治理"第一板斧"。金华市中级人民法院坚持全局观念和系统思维，运用数字化技术和认知，开创性地打造了浙江省首个设置在"治理端"的"诉源智治·龙山经验综合应用"，特别是创新设置的"指数画像""风险

---

① 参见余钊飞、林昕洁：《乡村治理的"枫桥经验"数字化重塑模式研究》，载《浙江工业大学学报（社会科学版）》2022年第1期。

预警"、"协同治理"、"考核评价"4大功能场景，实现了治理工作全貌总览、治理风险实时感知、治理力量各方联动、治理能力持续优化等功能，真正赋能基层社会治理。

（一）缘起："龙山经验"的数字化转型升级

2021年，金华中院顺应信息化发展大势，决心通过数字化全面赋能，进一步激发"龙山经验"内生动力，将抽象的经验与现代化科技手段相结合，转化出一个跨部门、跨层级、跨领域协同高效运转的诉源治理综合应用。同年9月，永康市人民法院开展试点探索，经过近一年的努力，"诉源智治·龙山经验综合应用"于2022年上半年基本成型、成势。

（二）路径：诉源治理的数智、动力、组织变革

"诉源智治·龙山经验综合应用"旨在通过系统思维、方法和现代化科技手段的运用，充分优化"龙山经验"的诉源治理效能，构建纵向贯通横向联动的基层治理共同体，打造"评价—决策—督办—提升"量化闭环，实现一图总览治理成效、一网监测治理风险、一站统筹治理力量、一体优化治理效能，推动诉源治理数智变革、动力变革、组织变革。

1.刻画指数画像实现"一指统领，全貌总览"

针对实践中各部门间存在数据壁垒、诉源评价指标单一、短板全貌掌握困难等问题，打造"指数画像"场景，实现治理成效"可量化""具象化"。

一是构建诉源治理综合指数。围绕诉讼形成的原因，梳理拆解矛盾纠纷产生、治理共性因素，通过抓取基层治理四平台、矛调协同应用平台、人民调解大数据平台等11个解纷平台数据源中的相关数据，协同基层社会治理中心、市信访局、市公安局等8个部门的业务流和数据流，根据指数评价赋分规则，应用计算形成全市及各镇街诉源治理综合指数，动态评价各级区域内诉源治理工作的优劣程度，实现诉源治理工作的"一指统览"。

二是指标同屏分析。通过该应用可以查看构成"综合指数"的42项诉源

治理具体指标权重及得分情况。针对信访化解成效、成讼案件减少成效、社会治理中心分流流畅度等14项二级指标，构建指标分析"雷达图"，镇街将雷达图数值与全市均值进行对比，可具象化了解辖区诉源治理工作的长板和短板；对短板指标，应用会自动生成整改提升建议，供镇街参考。

三是市镇分级治理。地市级领导可以通过全市诉源治理"绿蓝橙红"四色地图，直观感受诉源治理低、中、较高、高四类风险状态；通过综合指数、核心指标、责任跟踪三个"指数评价"数据库，实时了解各镇街综合指数排名及每月工作开展情况，掌握各地短板弱项和突出问题，开展有针对性的专项治理。镇街级领导进入应用，即可看到本镇辖区纠纷风险"热力图"、各村矛盾纠纷化解率及具体案件的处置进展情况，并据此开展有针对性的处置工作。

2.风险自动预警实现"一网监测，重点防范"

针对实践中部门间风险感知慢、处置应对不及时、履职主动性不强等问题，打造"风险预警"场景，增强针对具体风险的预见性和主动性，尽可能将风险消除在萌芽状态。

一是自动感知预警提示。建立要素提取算法、案由类别模型等9种算法模型，从核心指标分析、重点事件监测开展预警研判，当监测到关键指标偏离设定阈值、频繁出现的重点人员或潜在的虚假诉讼风险等问题时，自动触发预警，推动风险管理从"被动遇见"向"主动发现"转变。

二是成讼类案智能分析。通过浙江法院"办案办公一体化平台"获取的数据，自动对收案量排名前五、同比环比激增等类型案件进行分析，归纳解析高发案件类型、成讼原因、发生地域、产生时间等共性问题，生成分析报告，同时提出有针对性的化解建议，提交党委政府决策参考，推动诉源治理层面上问题的解决。

三是工作责任一键落实。针对发出的预警或发现的短板，应用自动执行"提醒—督办—约谈"程序，依次生成提醒单、督办单，通过基层治理四平台及时下发、督促整改；对整改不力的启动约谈程序。对部分长期难以解决、多地多发的特殊问题，应用将自动生成"攻坚榜单"，经审核发布后，由各镇街"揭榜"认领。镇街攻坚情况纳入平安综治考核和干部任用管理评价指标，并配套实行容错免责机制。

3.纠纷协同治理实现"一库统筹、多方联动"

针对镇街专业司法解纷力量薄弱、无法快速响应等问题，构建"协同治理"场景，有效提升矛盾纠纷化解效率。

一是法官全程指导。应用开发了预分案功能，在社会治理中心通过应用分流纠纷时，应用根据金华中院分案规则自动匹配指导法官，并同时推送至解纷团队及法官，解纷团队可酌情邀请法官进行调解指导。对化解不成、进入诉讼程序的纠纷，则由原指导法官直接办理，激发法官靠前履职的主动性与积极性。

二是网格员全程协查。应用打通基层治理四平台，联通全市千余名网格员，在调解—诉讼—执行全过程中，发挥网格员人缘地缘优势，帮助协查当事人所在位置、财产情况及调解意向，助力解决当事人"人难找、物难寻"的困境。

三是解纷智库全程支持。通过应用将"龙山经验"深化发展以来的人大代表工作室、政协调解室、行业调解站等特色品牌调解力量纳入解纷智库，打破人员分布的时空限制，并建立包含擅长领域、解纷数量在内的立体画像，实现纠纷与解纷智库智能匹配。

（三）场景："诉源智治"驾驶舱功能介绍

"诉源智治·龙山经验综合应用"驾驶舱已经集成了"诉前治理"、"风险预警"、"指数评价"和"激励争先"四大场景。

第一，"诉前治理"场景重在"一站统筹、各方联动"。该场景由"解纷智库"和"诉前分流跟踪"模块组成，致力于解决当前调解动力不足、能力不够等问题。"解纷智库"归集法官、调解员、律师和"两代表一委员"等相关数据，形成立体画像。针对群体性、规模性的预警事件，可依托智库成员筛选功能，迅速集结匹配调解团队，为诉前化解纠纷提供力量支撑。例如，某日应用自动监测到唐先镇发生上百人讨薪事件，市社会治理中心即依托应用，迅速筛选并指派具有丰富劳资纠纷调解经验的智库成员组成团队，通过"共享法庭"与当事人实时互动，三小时即化解纠纷。"诉前分流跟踪"模块通过对接矛调协同平台、解纷码等应用，实现"治理端"与相关"服务端"的有机融合。对通过解纷码等"服务端"应用进入"诉前分流跟踪"模块的案件，应用智能匹配指导法官、专业律师、代表委员和协查网格员，分别为调解员提供法律指导、协助调解、协查当事人等辅助工作，促进其化解纠纷能力有效提升。该模块还设有预分案功能，对调解不成进入诉讼的案件，由原指导法官直接办理。

第二，"风险预警"场景重在"一网监测、实时预警"。该场景设有"指数预警"、"动态预警"和"类案预警"模块，从核心指标分析、重点事件监测和成讼纠纷倒查三个维度开展预警研判。截至2022年第三季度，该场景已汇集11个解纷平台34类共654万条数据，生成预警信息426条，督促属地诉前化解纠纷245件。如2021年2月28日的一条预警信息中反映了涉村集体建设工程合同纠纷、承揽合同纠纷环比有较大幅度上升，工作人员依托平台进一步挖掘相关数据，生成《涉村集体工程类纠纷分析报告》，层报决策部门。后该情况引起市委主要领导关注，批示开展涉村集体工程类问题专项整治，促成全市涉村集体诉讼收案量明显下降。

第三，"指数评价"场景重在"评价可视、责任跟踪"。该场景依托实时更新的综合指数数据库、核心指标数据库、责任跟踪数据库，形成民商事案件收案数、万人成讼率及其趋势图，数据颗粒度细化至镇街一级，并依此绘制以"绿蓝橙红"进行四色分级的"诉源地图"，当鼠标移动至地图任一区域，上述三项数据同步更新为所在镇街区的实时数据，点击进入相应镇街区的二级页面，可展示该镇街区诉源治理情况。党委政府及相关职能部门可以通过该场景实时了解各地工作开展情况，实时掌握各地短板和突出问题，进行科学决策。同时，应用设有"提醒—督办—约谈"程序，党委政法委建立配套机制，压实属地党委政府诉源治理责任。例如，针对2022年1月和2月综合指数排名落后的唐先镇，应用自动生成提醒单，并通过基层治理四平台及时下发、督促整改。对整改不力的，应用还将启动督办、约谈程序。

第四，"激励争先"场景重在"一体优化、源头预防"。该场景挖掘应用底层数据，自动分析提取上述场景中出现的普遍性问题，发布认领"攻坚清单"，自动晾晒"争先榜单"，定期生成"典型案例"，激发团队干事创业热情，促进矛盾源头防范化解。浙政钉掌上端应用同步上线，覆盖全市各镇街区主要领导和综治人员，实现掌上治理、高效协同。

2022年以来，金华中院部署、指挥、推动"诉源智治·龙山经验综合应用"全面迭代升级。2022年6月和8月，该应用分别获评浙江省委政法委"数字法治好应用"和浙江省高院第一批"浙江全域数字法院好应用"奖项。

二、党建引领社会治理的数字化改革

为深入贯彻落实全省数字化改革推进会精神，坚持党建引领，突出数字赋能，紧紧围绕精密智管、精密智控、精密智服和抓好工作落实"最后一纳米"目标，永康市在2021年创新推行"党建+智慧治理"，将基层党建与社会治理相融合、党员干部从严教育管理与密切联系服务群众相融合、工作落实问效与大数据分析研判相融合，切实提升各项工作实效，增强群众幸福感、获得感和满意度。其中，唐先镇坚持"从群众中来，到群众中去"的工作方法，以数字化改革为契机，开设"智治唐先"微信公众号，将互联网技术和信息化手段融入群众工作之中，做到联系服务全面覆盖。截至2021年5月，试点的唐先镇秀岩村等4个村总计安装智慧门牌1802块，走访农户4600余次，红色代办1430多项，化解矛盾纠纷86起，全镇受理信访140件，同比下降56%，有效带动工作落实。以唐先镇为代表的永康市"党建+智慧治理"主要措施如下。

首先，做细"微网格"，组团服务聚民心。为解决"一个村一个专职网格员"服务有限的问题，深入推进"网格党建"工作，唐先镇要求村干部、党员、村民代表按照"就近就亲就便就智"原则，"老中青"搭档，确保每个网格都有人能熟练使用智能手机。将单一化党员联户网格升级为"第一书记、村支记—村两委干部—党员、村民代表"三级网格，即由第一书记、村支记担任总网格长，下辖4—8个中网格；由村两委干部担任中网格长，每个中网格下辖7—10个小网格；由党员、村民代表担任兼职网格员，并分别联系7—10户农户。通过分级管理，明确"微网格"政策宣讲、防诈宣传、走访服务、纠纷化解等10项工作任务，责任到人，要求网格员每月至少走访1次，并通过扫码及时上传工作落实情况，做到服务留痕。

其次，做强"户联码"，在线服务解民忧。唐先镇在每家农户门口安装"户联码"智慧门牌，集成农户信息、所在网格、联系服务党员干部等内容。村民可以随时通过微信扫描"户联码"，了解政策动态、村干部信息、"三务"公开等方面的情况，并可向联系网格员申请矛盾纠纷调解、咨询办事流程、反映意见建议等。联系网格员收到村民诉求的短信提醒后，需及时与相关农户联系，并在当天给予答复。情况较为复杂网格员无法解决的，可依次上报至村两委干部；村两委干部解决不了的，上报至村支记、第一书记、驻村干部、工作片解决；仍无法解决的，由镇党委通过"乡会村开"等形式专题研究，构建苗头不出户、小事不出格、纠纷不出村、难事不出镇的矛盾纠纷化解闭环。

最后，做优"全链条"，综合服务提效能。唐先镇在"智治唐先"微信公众号建立综合服务平台，融合"五星三强"创建情况、村务审批、村友交流、普惠贷款办理、农业专家咨询、生活缴费等46项功能，着力实现基层党建可视化、村务工作公开化、惠民服务全面化。如针对网络诈骗多发的情况，白莲塘村39个"微网格"人员通过线下走访双签到、线上答疑宣传等方式，促使全村302户农户全部安装"金钟罩"反诈骗APP，成功阻止3户农户被骗。

结　语

　　时代是思想之母，实践是理论之源。唯有激荡的大时代、宏阔的大实践才能孕育创生博大精深的思想理论。当代中国正经历着我国历史上最为广泛而深刻的社会变革，也正在进行着人类历史上最为宏大而独特的实践创新①。本书通过分析"龙山经验"的历史发展、组织建设、工作机制以及法理与情理相结合的治理传统，充分证明"龙山经验"既包含了自上而下的各种动员方式，也体现了自下而上的多元参与特色。从最初兴起、逐步发展、不断推广以及未来展望来看，在研究"龙山经验"的多元法治图景时，必须重新审视和思考国家与社会、中央与地方的关系问题，必须进一步寻找"龙山经验"所体现的国家与社会在对立统一的发展进程中实现法治化的途径。

　　"龙山经验"的形成与发展是在经济社会快速发展、矛盾纠纷急剧增加的大背景下解决人民群众内部矛盾、充分实现基层群众自治的必然结果，具有积极意义，但必须进一步发展创新。"龙山经验"不仅涉及基层社会治理问题，还扩展到了制度体系如何在基层实施的问题。它既然已经是一种活的、值得发扬的传统，我们就有必要充分发掘利用现有资源，切实在实践"龙山经验"的过程中坚持社会主义民主法治的发展方向，在基层培育民主法治的传统和土壤，使社会主义民主法治在基层得到有效实施和创新。人民

---

　　① 　中共中央宣传部编：《习近平新时代中国特色社会主义思想学习问答》，学习出版社、人民出版社2021年版，第8页。

代表大会制度是我国的根本政治制度，基层群众自治制度是我国的一项基本政治制度。从"龙山经验"治理实践的丰富内涵来看，其对二者的创新和发展推动了"人民当家作主"在基层得到切实实现，可以说，"龙山经验"是对中国特色社会主义国家治理现代化核心问题的有益探索和宝贵经验。

"龙山经验"的逐步发展是贯彻习近平法治思想的基层实践，其坚持"依靠党委领导、部门职能前移、社会组织和群众力量参与、分层递进多元化解矛盾纠纷"的诉源治理机制，运用数字化技术、思维、方式，推动诉源治理的对接改革，打造"发现—调解—诉讼—执行—优化"矛盾纠纷调解处置工作闭环，服务群众从"最多跑一次"到"一次不用跑"，积极推进"自治、法治、德治"三治融合的基层治理体系建设，实现小事不出村、大事不出镇、矛盾不上交。

"龙山经验"的不断推广是动员与参与、话语与实践、工具与目的、单一与多元、专业与综合、国家与社会、民主建设与政权建设、意识形态与制度运行等多重关系的复杂交织，它们之间并不纯粹是取代或压制的关系，更多的是博弈和互动的关系。换言之，在这样的基层治理实践中，政府的经验可能转化为民众的经验，国家的资源可能发展成社会的力量，立法的局限在法律实践中得到补充，司法的有限功能则通过综合化的方式得到捍卫。

"龙山经验"既具有功能性的政治意义，也具有实质性的制度意义。它告诉我们，中国的法治遵循的并不是线性的逻辑。同时，对所谓的本土资源也必须作动态的理解，即它一直在创造、丰富和发展，法治必须经过这样的运作机制和模式的转换过滤才有可能落实。在复杂而又充满机遇与挑战的中国制度转型面前，我们既要看到现行法律制度规范，也要看到实践中法律的实际运行情况，还要看到人民法律观念的变化。我们只有看到这个过程中的各种矛盾与融合，看清其中的困境和出路，才有可能开辟中国特色社会主义法治道路，实现国家治理体系和治理能力现代化。

后 记

　　永康是一座江南历史文化名城。小时候爷爷奶奶家经常接待来诸暨打铁的永康铁匠，他们勤劳质朴、技艺精湛，我对此印象极为深刻。永康铁匠规矩意识很强，师徒关系稳定如铁，打铁配合默契，铁器质量一流，深得百姓赞许！他们的规矩意识和诚信品格是永康人民的宝贵精神财富。近年来，永康经济社会迈入高质量发展阶段，永康市党委、政府和全社会高度重视基层社会治理，"龙山经验"在永康广大干部群众努力下脱颖而出实属必然。

　　由于我长期从事"枫桥经验"的研究，经著名法学家郝铁川教授介绍，我结识了时任永康市人民法院院长楼常青同志。这位毕业于华东政法大学的法院院长对"龙山经验"充满感情，在其诚挚邀请下，我和我的团队全面参与到"龙山经验"的总结梳理之中。永康历史文化底蕴深厚，不仅是"为官一任，造福一方"的胡公故乡，也是倡行"王霸并用，义利双行"陈亮家乡。作为一名法律史教师，我在学习过程中曾经接触到三本书：第一本是中华书局1980年出版的由北京大学哲学系中国哲学史教研室编写的《中国哲学史》，该书对陈亮哲学思想有大段论述；第二本是法律出版社2000年出版的司法部统编教材《中国法律思想史》，其中有关于陈亮和叶适法律思想的一节；第三本是江苏人民出版社2012年出版的美籍汉学家田浩撰写的《功利主义儒家：陈亮对朱熹的挑战》，该书全景展示了陈亮先生学术思想。上述三本书让我深刻感知陈亮在中国思想史上的重要地位。陈亮的故乡便是永康市龙山镇。作为一名超越时代的大思想家，他是孤独的，但其思想穿透历史，为"龙山经验"提供了强大的中华优秀传统文化基因。基于此，杭州师范大学沈钧儒法学院在金华市人大代表、永康著名乡贤吕月眉女士的支持下建设了"陈亮厅"。感谢这位70多岁但做善事化纠纷永远在路上且活力四射的全国三八红旗手"吕阿姨"！在她身上我看到了什么是"老当益壮"、什么是"永康铁匠"！

自《"龙山经验"创新发展研究》课题启动以来，课题组走遍了永康市所有乡镇街道和大部分典型村庄、社区、企业，与永康干部群众结下了深厚友谊。2020年12月4日"国家宪法日"，我为永康市全体领导干部主讲了《宪法与法治："龙山经验"的发展与展望》。同年12月27日举行的"龙山经验"高峰论坛，得到了中国法律史学会、浙江省法学会、金华市委市政府、永康市委市政府和法院系统以及清华大学、中国人民大学、武汉大学、西北政法大学、华东政法大学等高校专家学者的大力支持，"龙山经验"由此进入学术圈。2021年5月16日，由中国法学会法治文化研究会、杭州师范大学沈钧儒法学院等单位联合举办的社会主义法治建设与"龙山经验"创新发展研讨会在杭州师范大学举行，杭州师范大学由此与"龙山经验"缘分更加深厚。2021年6月9日，西北政法大学、武汉大学、杭州师范大学在龙山人民法庭联合挂牌教学科研实践基地，有力强化了法学教育与法学实践之间的互助合作。高频次的实地调研和学术研讨，让我们对"龙山经验"的认识不断提高，推动我们不断去发现"龙山经验"的本质，本书的出版正是这种集体智慧的成果！

一路走来，特别感谢永康市委、市政府、市人大、市政协主要领导的大力支持。感谢永康市人民法院每一位同志坚定不移的支持。感谢永康市人民法院院长朱赟清同志以及陈凌洲、应沂珏两任办公室负责人不厌其烦的调度安排。感谢永康市人大常委会副主任、永康市陈亮研究会会长章锦水先生，让我对"永康学派"有了深刻的直观感知。感谢"85后"全国人大代表黄美媚女士，她对课题组无微不至的关心和支持让我们深受感动。感谢云南镇雄驻浙党工委曹安富等同志的有力支持，为我们提供源源不断的素材。

作为一项研究成果，少不了同仁的指导和帮助！感谢中国法律史学会会长张生教授、中国人民大学赵晓耕教授、西北政法大学汪世荣教授、清华大学苏亦工教授、天津财经大学侯欣一教授、华东政法大学马长山教授、武汉大学张红教授、浙江工业大学石东坡教授、浙江省委党校褚国建教授等师友长期不懈的支持，正是你们的支持，"龙山经验"思想内涵才得以不断丰富发展。在此，十分怀念我们乐观豁达真诚厚道的白焕然先生，怀念一起在永康的日子！

我的学生们，和我一起走遍祖国大好河山，也一起感受永康青山绿水。罗爱军、李博伦、孟书源在龙山驻扎三个月，罗爱军的硕士论文写陈亮法律思想，李博伦的硕士论文写"龙山经验"，孟书源的硕士论文写镇雄流动人口。他们把论文写在了永康这片热土上，相信这是他们人生崛起之地！西南政法大学博士生张素敏同志是一位战斗力爆表的法官兼学者，感谢一起奋战！

书未必尽善尽美，但已尽我所能！感谢中国法制出版社编辑同志的辛勤付出！一本书成功的一半在编辑，谢谢你们！

余钊飞

杭州师范大学沈钧儒法学院教授

枫桥经验与法治建设研究中心主任

西北政法大学博士生导师

2023 年 9 月 10 日教师节于杭州仓前

图书在版编目（CIP）数据

"龙山经验"：新时代基层法治建设的实践 / 余钊飞等著 . —北京：中国法制出版社，2023.9

（中国国家治理的基层基础建设研究丛书 / 余钊飞，汪世荣主编）

ISBN 978-7-5216-3770-0

Ⅰ.①龙…　Ⅱ.①余…　Ⅲ.①社会主义法制—建设—研究—中国　Ⅳ.①D920.0

中国国家版本馆 CIP 数据核字（2023）第 162334 号

策划编辑：马　颖

责任编辑：宋　平　　　　　　　　　　　　　　　　　封面设计：李　宁

"龙山经验"：新时代基层法治建设的实践

"LONGSHAN JINGYAN"：XINSHIDAI JICENG FAZHI JIANSHE DE SHIJIAN

著者 / 余钊飞　等

经销 / 新华书店

印刷 / 三河市紫恒印装有限公司

开本 / 710 毫米 × 1000 毫米　16 开　　　　　　　印张 / 11.75　字数 / 168 千

版次 / 2023 年 9 月第 1 版　　　　　　　　　　　2023 年 9 月第 1 次印刷

中国法制出版社出版

书号 ISBN 978-7-5216-3770-0　　　　　　　　　　　定价：48.00 元

北京市西城区西便门西里甲 16 号西便门办公区

邮政编码：100053　　　　　　　　　　　　　　传真：010-63141600

网址：http://www.zgfzs.com　　　　　　　　**编辑部电话：010-63141825**

市场营销部电话：010-63141612　　　　　　　**印务部电话：010-63141606**

（如有印装质量问题，请与本社印务部联系。）